• 從唐太宗到成吉思汗 •

歷代帝王暗黑祕史 II

趙逸君 主編

前　言

　　這是一個充滿鐵血霸氣的帝王時代！「千古一帝」的秦始皇嬴政橫掃六合、一統華夏，形成了「車同軌，書同文」的局面；雄姿英發的漢高祖劉邦唱著《大風歌》，提三尺劍斬白蛇，創下大漢四百年基業；雄才大略的漢武帝劉徹北伐匈奴、外服四夷，展現一幅幅氣蓋山河的歷史畫卷；光武帝劉秀亂世起兵，推行「偃武修文」，譜寫著復興漢室的英雄史詩……

　　這是一個明君雄主各領風騷的帝王時代！智勇雙全的宋太祖趙匡胤從一個浪跡天涯的流浪者，用了十多年時間東征西討、南征北伐，奠定北宋時期的基本版圖，成為一代叱吒風雲、君臨天下的開國大帝；銳意進取的宋孝宗趙昚外鞏疆土、內治國政，終成南宋之盛世大觀；一代天驕元太祖孛兒只斤‧鐵木真手挽強弓，指揮著蒙古鐵騎統一蒙古、西征東進，為大元帝國打下了一片橫跨亞、歐的遼闊國土；壯年雄心的元世祖孛兒只斤‧忽必烈一統中國，南征西進，開創人類歷史上最大世界版圖的帝國……

　　這是一個英雄輩出的年代！「洪武之治」的明王朝開國皇帝朱元璋，橫空出世，南征北戰，創大明王朝之基業；開疆拓土的明成祖朱棣，臥薪嘗膽，一戰定乾坤，登臨皇帝寶座，成萬國來朝之太平盛世；血海餘生的清太祖愛新覺羅‧努爾哈赤雄霸遼東

漠北，奠定滿清王朝霸業；有勇有謀的清太宗愛新覺羅．皇太極奪得汗位，確定了大清國號並初創帝制；八歲登基的清聖祖愛新覺羅．玄燁，勤奮好學，志向遠大，14歲鏟除鰲拜，獨掌大權，勵精圖治，寬民裕國，創「康乾盛世」之宏偉業績……

　　翻開一頁頁浸透著血與火的歷史，金頂紅牆隔世絕，太液池邊聽秋風。一步步撥開歲月的迷霧，讓歷史走近現實。

　　從古到今，所有的帝王都是你方唱罷我登場，興於憂患，亡於戰亂，歷代王朝命運大抵如此。圍繞著他們爭奪皇位的血腥鬥爭，圍繞著他們專制殘暴的統治，在宮廷內外演繹出多少驚心動魄、曲折離奇的故事，也留下了多少千古之謎。

　　帝王祕事，永遠都是老百姓最感興趣的話題。在這兩千多年封建帝王統治時期，喋血宮廷、血染王冠、爭權篡位的故事在中國歷史上一直盛演不衰，皇權和皇位歷來都是野心家追求的目標、陰謀家成長的搖籃，帝王的血腥、風流、陰謀、懸疑、謎案傳承了封建王朝由強盛到衰弱的主線……所以，皇帝的一生也就增添了很多跌宕不平的神祕色彩。

　　本書有你最想知道的皇家內幕，為你曝光帝王祕事，再現英雄傳說，蒐集天下逸聞，為你揭開層層謎團。比如秦始皇稱自己為始皇帝，希望後代從他那兒開始，稱二世、三世，直到萬世，永遠相傳，沒有窮盡，可偏偏他一手創造的大秦王朝僅存兩世便滅亡了，其中總是帶著這樣或那樣的必然和偶然，布滿了謎團；宋朝的宮闈、朝政令後人百思不得其解，十八帝中有一半沒有子嗣繼承大統，這在歷朝歷代絕無僅有；「斧聲燭影」、「狸貓換

太子」等民間廣為流傳的故事背後，顯然隱藏著不為人知的流年往事……凡此種種，讓讀者期待，令學者驚奇。

　　本書分三冊，共匯集了歷代王朝中48位帝王，涵蓋了他們的人生軌跡、朝廷政務、後宮生活以及如何坐上皇帝寶座，如何消亡身死……層層揭開他們的身後留下的謎團，並以史實依據，講述他們的歷史、生平與政治生涯……具有史料性、知識性、趣味性、可讀性。

　　這兩千多年的歷史裡，有人為民族作出的貢獻，也有人為民族帶來屈辱和創傷的辛酸記錄，譜寫了一曲曲波瀾壯闊的歷史壯歌，也彈奏出一首首如泣如訴的慷慨悲歌，為古老的各朝代歷史畫卷增添了一筆濃墨重彩。

目錄

第一篇 破譯盛唐君主的風雲人生

唐高祖李淵：身世血統說不清
李淵家庭的血統之謎 / 013
李淵「雀屏中選」的美談 / 017
李淵誤中「美人計」之真相 / 019
李淵一生之中最痛心之事 / 023

唐太宗李世民：血染玄武骨肉殘
李世民葬父留下的歷史玄機 / 026
誰是李世民一生最愛的女人 / 028
一代明君李世民殺弟奪妻之謎 / 032
誰是玄武門之變的始作俑者 / 035
李世民死因大揭祕 / 040

唐高宗李治：昏庸懦弱輸女流
李治奇異的戀母情結 / 043
李治廢后真相 / 046
解說李治昏庸之謎 / 050

周聖神皇帝武曌：女王好色穢春宮
一代女皇的執政生涯 / 054

武則天出身眾說紛紜 / 057

武則天選「男妃」之祕聞 / 060

一生中最有才的情人祕事 / 062

武則天為何推崇佛教 / 065

殺女奪后之謎 / 068

殺子奪權之謎 / 071

揭祕武則天的「無字碑」/ 075

唐玄宗李隆基：不愛江山愛美人

揭祕李隆基為何討韋后 / 079

「三庶人事件」大揭祕 / 082

寵妃楊玉環死亡之謎 / 085

李隆基「傳位」祕聞 / 089

唐憲宗李純：聲色犬馬終亡身

揭祕李純為何青睞杜秋娘 / 093

李純為何不立后 / 096

李純究竟是如何死亡的 / 098

唐宣宗李忱：「智障光王」抹輝煌

從「智障人士」到強勢帝國祕聞 / 101

揭祕李忱出家真相 / 105

解密李忱死亡原因 / 108

第二篇 解密大宋帝君的政權非常道

宋太祖趙匡胤：燭影斧聲千古案
「真龍」出世：揭示趙匡胤身世之謎 / 113
黃袍加身：趙匡胤陳橋兵變真相 / 117
酒酣耳熱：趙匡胤杯酒釋兵權的隱衷 / 120
太祖誓碑：宋廷優待亡國後裔祕聞 / 124
燭影斧聲：趙匡胤身死之千古疑案 / 127

宋太宗趙炅：金匱之盟陰謀深
金匱之盟：迷霧重重 / 135
人格變態：百般侮辱小周后 / 140
異想天開：宋太宗改琴祕聞 / 143

宋仁宗趙禎：瘋瘋癲癲說昏話
狸貓換太子：趙禎身世大揭祕 / 146
廢后風波：郭皇后暴薨之謎 / 149
索字爭寵：鏟除心腹太監祕聞 / 153
昏不知人：趙禎為何屢屢不豫 / 155

宋英宗趙曙：大幸之中大不幸
撤簾還政：曹太后還政趙曙祕聞 / 161
父子情深：「濮議」論戰之謎 / 164

Contents

宋哲宗趙煦：終身不得開心顏
　　黨爭紛擾：揭祕趙煦黨爭祕事 / 168
　　宮闈之爭：趙煦屢廢立孟皇后 / 173
　　憂鬱成疾：解密趙煦死因 / 174

宋徽宗趙佶：家花不如野花香
　　探尋真跡：趙佶《百子圖》下落何方 / 180
　　獨領風騷：徽宗與李師師的風流韻事 / 183

宋欽宗趙桓：此恨綿綿無絕期
　　六甲神兵：揭祕趙桓迷信祕聞 / 188
　　身後謎團：趙桓死因之謎 / 189

宋高宗趙構：泥馬安能渡康王
　　脫離虎口：趙構逃脫金營之謎 / 196
　　帝王傳奇：泥馬渡康王 / 200
　　美女試探：趙構立儲祕事 / 203
　　奴顏婢膝：解密趙構政治「陽痿」/ 206
　　生母淪落：趙構生母韋太后祕聞 / 210

宋光宗趙惇：家有悍婦難抬頭
　　過宮風波：解密皇帝的人倫問題 / 213
　　冰糖葫蘆：為何與趙惇有關 / 217

Contents

第三篇 揭開元朝大汗英雄的傳奇

元太祖成吉思汗：英雄遺骨何處尋
元太祖汗長子的身世之謎 / 221
成吉思汗西征為何中途折回 / 223
揭祕成吉思汗的死因 / 225
成吉思汗墓葬在何方 / 228

元世祖忽必烈：刀槍裡面出政權
忽必烈生父是怎麼死的 / 233
忽必烈是如何奪取大汗寶座的 / 236
忽必烈為何不大舉南下 / 238
忽必烈冊立真金為太子的真相 / 240
忽必烈遠征日本為何失敗 / 248

元仁宗愛育黎拔力八達：破舊立新枉費心
解密仁宗不仁虧心立儲 / 253
仁宗為何不殺鐵木迭兒 / 255

元英宗碩德八剌：一念之仁把命喪
元英宗為何落得眾叛親離 / 258
揭祕南坡之變的前後事 / 264

元惠宗妥懽帖睦爾：心靈手巧奪天工
元惠宗出身之謎 / 268

第一篇 破譯盛唐君主的風雲人生

唐高祖李淵

身世血統說不清

　　李淵，字叔德，鮮卑姓大野，唐代開國的君主。李淵家族世代顯貴，李淵見隋煬帝楊廣無道，天下大亂，遂運籌帷幄，起兵太原，定鼎關中，創建大唐，又翦滅群雄，統一全國，實為一代創業之主。

　　李淵在位時期，依據隋文帝楊堅舊制，重新建立中央及地方行政制度，又修定律令格式，頒布均田制及租庸調制，重建府兵制，為唐代的職官、刑律、兵制、土地及課役等制度奠定了基礎。可以毫不誇張地說，唐高祖李淵是中國歷史上最受貶低的一位君主。

　　實際上，唐高祖李淵舉兵反隋時儘管已年過50，上了年紀，但仍然不失為一個有雄心壯志而又生氣勃勃的和幹練的領袖人物。李淵對李密和東突厥人的外交攻勢使得唐軍能夠勝利奪取長安，並且使得唐軍能組織和加強在陝西的力量而無虞敵軍的阻礙。後來，李淵的大赦、封官許願和大加賞賜的政策，再加上李世民在戰場上的勝利，有助於使新王朝取得很多必要的支援，並且促成了全國的重新統一。也正是唐高祖李淵建立了初唐的制度和政治格局。武德之治，從任何標準來衡量，都算得上取得了突出的成就；從其結果來看，唐王朝已經打下了堅實的行政、經濟和軍事基礎。總之，唐高祖李淵為他兒子李世民的輝煌統治奠定了必不可少的基礎。

李淵家庭的血統之謎

在中國封建制度綿延近3000年的歷史長河中，大唐帝國達到了經濟繁榮、文化昌盛的頂峰，其海納百川的開明政策、大膽開放的社會風俗也是前所未見的。有人認為這一切都是因為李唐皇室帶有鮮卑族的血統，使「塞外野蠻精悍之血，注入中原文化頹廢之軀」，才創出了如此空前繁盛的局面。

李唐皇室的血統，因後世所能看到的史料十分有限，故人們的研究頗多爭議。李唐皇室雖自稱出自隴西名門，但疑點甚多，不足為信。有人堅信史書所載，認為李唐出自隴西；有人考證資料，推測其出自趙郡衰微支派；也有人認為唐「源流於夷狄」，本就是塞外蠻夷入遷中原之族。但不管李唐先世如何，從李唐女家的血統來看，其為漢族與鮮卑族的混血兒是不可改變的事實。

從南北朝到隋朝，正是一個民族大融合的歷史階段，胡、漢兩族相互雜居，相互通婚，使很多人的血統十分複雜。不管李唐皇室發跡於哪裡，混血的嫌疑是很難擺脫的。

劉盼遂先生在《李唐為番姓考》一書中反覆考證，認為李氏出自拓跋族。其後，王桐齡在《楊隋李唐先世系統考》中呼應這種說法。其論據主要有：

《隋唐嘉話》（卷上）談到單雄信作為王世充一方的大將，作戰時與李淵之子海陵王李元吉相遇，稱李元吉為胡兒，不會是沒有原因的。《舊唐書》說李淵的曾孫滕王李涉「狀貌類胡」。

第一篇　破譯盛唐君主的風雲人生

唐高祖

李唐的子孫中屢次被人稱為胡人，大概是血統中確有胡族的基因。《新唐書‧宗室世系表》等記述李淵祖父李虎有兄名「起頭」，有弟名「乞豆」，李起頭之子名「達摩」，而李氏在北魏時的先祖叫李初古拔。這幾個名字都不是漢名，帶有明顯的胡族名字的味道，由此可證明李氏源於胡族。

李唐皇族中，亂倫之事不斷出現，這在漢族人中是絕對不能允許的。李世民玄武門政變之後，納其弟李元吉妃楊氏為己妃；李世民駕崩後，其子高宗李治也以李世民的才人武則天為自己的皇后；高宗的孫子唐玄宗李隆基也有奪子之妻的淫亂行為。

這些事加在一起，與吐谷渾、烏桓、鮮卑、突厥等少數民族的「父卒，妻其群母；兄亡，妻其諸嫂」的習俗完全一致，故後人朱熹在《朱子語類》說：「唐源流於夷狄，故閨門失禮之事，不以為異。」認為唐朝皇室本是出自於胡族，所以婚姻上的混亂是十分正常的。

此外，李氏家族往往與胡姓通婚。如唐太宗李世民的皇后是長孫氏；唐高祖李淵的皇后是竇氏，竇姓是魏孝文帝改胡姓紇豆陵而得來的；李淵的父親李昞之妻是獨孤氏。三代人的母親均為胡姓，看來李氏絕非漢族。

著名歷史學家陳寅恪先生認為李唐先世本為漢族，但不是出自於隴西的貴族，或為趙郡李氏徙居柏仁之破落戶，或為鄰邑廣

阿庶姓李氏之假冒牌，「李唐血統其初本是華夏，其與胡夷混居，乃一較晚之事實也」。

另有一些學者也認為，皇帝親敕修建祖陵、親詔封祖帝號於象城的歷史事實，是證明其祖籍出自於趙郡的最有力證據。如果此地不是皇家祖籍，作為一國之君，絕不會貿然行事，為天下後世所笑。至於把李唐祖籍改為隴西，是從唐玄宗天寶年間以後出現的事情，應是後人的偽托，至少在李淵建唐後的120多年間，唐宗室廟先祖均未涉及隴西。

五代和宋代以後，人們撰寫的唐代史籍，大多數是根據李氏自撰的《譜牒》而寫的，所以都偽托隴西李氏。

不過也有人認為李唐的偽托在這之前。宇文泰入關中時，頒布了一系列改革措施，《隋書》裡有一段是這樣記載的：「諸姓子孫有功者，並令為其宗長，仍撰譜錄，紀其所承。又以關內諸州，為其本望。」所以，李氏是承此風而改其郡望為隴西的。不過這種說法如果成立的話，對唐初諸帝在隆堯縣修建建初陵和啟運陵就無法圓滿解釋了。

一些人指出，即便李氏確實出自隴西，但從女系母統言之，在李昞娶了獨孤氏為妻之後，李氏一族的血液中就有了少數民族的成分。即使在李昞以前，李氏是純種的漢族，身體裡流淌的是高貴顯門之血，但其妻獨孤氏乃鮮卑貴族無疑。

故從李淵算起，他的身體裡至少有一半是鮮卑族的血統。以後，李昞的兒子李淵娶竇氏，李淵的兒子李世民娶長孫氏。竇氏與長孫氏皆為鮮卑貴族。也就是說，鮮卑族的血統在李氏人中的比例一代比一代高。此後，李唐皇室中的人最多不過具有八分之一的漢人血統。而這八分之一是真是假，還無法確定。因此，不管李唐皇室如何篡改其祖先事蹟，修訂《氏族志》，均改變不了

其為混血兒的事實。

　　已故的唐史學者胡如雷先生在他的《李世民傳》一書中，提出了一種較為新穎的觀點。胡如雷先生認為李唐氏族若僅就其男系論，固一純粹之漢人。又說：民族是一個歷史社會範疇，而不是一個種族生理範疇。既然李氏家族在長期的民族同化過程中已經漢化了，即使他們在唐代還保留某些胡族的習俗和遺風，我們也只能視之為純粹漢人。更何況李氏自己也不願承認出自蕃姓。從血統而言，子女的體貌特徵可以繼承父母雙方，且有隔代遺傳。既然李氏素與胡姓通婚，狀貌類胡有可能來自母系方面，所以不能因此而斷定李氏祖先必定是胡族。同時，母系的胡姓竇氏、長孫氏等家族早已漢化，到唐代時更不應該把他們當成少數民族了。

　　至於亂倫，畢竟只是唐朝皇族中少數特殊的事例，在唐代近三百年中大多是遵循正常的人倫規範的，何況這種事更多的是來源於剝削階級的腐朽本性，未必是民族的習慣。

　　胡如雷先生認為南北朝至隋唐間，這是一個胡漢同化的歷史階段，很多歷史人物的血統都是很複雜的，並不單純，李唐帝王始終是以漢族統治者的身分從事政治活動，胡族成分即使有，也沒有在任何程度上影響他們的政治生活。

　　處在隋唐民族融合的時代，要想徹底區分出一個人的血統，的確是一件很困難的事情。李唐皇室的血統，到了今天依然是一個講不清、道不明的歷史謎案，仍等待著歷史學家們去繼續認真的研究。

李淵「雀屏中選」的美談

　　李淵出生於有著尚武傳統的功臣世家，其七世祖李暠在晉末大亂時佔據西涼（今甘肅西部），建立了西涼政權，就是史上有名的涼武昭王，可惜只傳了三世，就被北涼滅掉了。

　　李淵的祖父李虎在西魏時任左僕射，被封為隴西郡公，與李弼、獨孤信等八人同被封為柱國，時人稱為「八柱國」，並被賜姓大野氏以示榮寵。北周奪取了西魏的政權後，李虎又被追封為唐國公，這也是大唐帝國興起的基礎。

　　隋高祖楊堅在北周任丞相時，恢復了李淵家族的本姓，隋高祖楊堅的皇后獨孤氏是李淵的姨母。所以，李淵自小便得到隋高祖夫婦的喜愛。

　　李淵於北周武帝天和元年（566年）出生於長安的唐國公府邸，7歲時父親亡故，李淵便襲封了唐國公，被人按照標準的貴族公子模式撫養長大。新、舊《唐書》都稱李淵：「及長，倜儻豁達，任性真率，寬仁容眾，無貴賤咸得其歡心。」頗有些漢高祖劉邦的風範，其實不過是史家為李淵臉上貼金罷了。

　　李淵的本性充其量不過是「風流好色，任性胡為」而已，這八個字在他以後的生涯中得到了充分的認證。

　　李淵的妻子出身貴族世家，是隋朝神武公竇毅的女兒，竇毅為女兒擇偶的標準很奇特，他命畫工在一張大屏風上畫了隻孔雀，然後請來數十位年貌相當的貴族公子，讓他們射箭較技，靶

心就是孔雀的眼睛。

可惜這些公子哥箭術不精，無人能命中目標，輪到李淵出場，兩發兩中，各中孔雀的一隻眼睛。不僅博得滿堂彩，還與竇家小姐訂了終身。這就是後世傳為美談的「雀屏中選」。

李淵箭術精良應該是真實可信的，隋世祖大業十一年（615年），李淵奉楊廣之命前往山西、河東鎮壓農民起義軍，與毋端兒所率的農民起義軍數千人在龍門發生激戰，史書記載：「高祖從十餘騎擊之，所射七十餘發，皆應弦而倒，賊乃大潰。」

李淵誤中「美人計」之真相

　　隋煬帝大業十三年的時候,李淵被調到太原,做那裡的最高行政長官。他心裡明白,這隋朝大勢已去,自己也不願意做陪葬品,只不過那個時候的他,成天盡是發愁嘆氣,根本就沒想過造反這件事兒。

　　和李淵一起在山西做官的,還有一個他的好朋友,叫裴寂。這個人可和李淵不一樣,他覺得憑藉著李淵的家族實力,一定可以舉起反隋的大旗,而且還能是這些起義軍當中的佼佼者。於是他悄悄找到了李淵的兒子李世民,倆人開始密謀起義,決定採用「置死地而後生」的方法,斷了李淵的退路,逼李淵造反。

　　有一天,裴寂在晉陽宮設下了宴席,請李淵來聚聚。李淵高高興興地來到了晉陽宮,兩人坐定後,美酒佳餚是一盤一盤地往上端,除了這些,還有幾個美如天仙的舞女在他們身邊又是舞又是唱,來為他們助興。

　　這邊李淵正喝得痛快,忽然聽到門簾一動,一股脂粉香隨風飄來。李淵定睛一看,竟然走進來兩個美人,長得那叫一個嫵媚動人。俗話說得好:酒不醉人人自醉,色不迷人人自迷。那兩個美人眼波流轉,風情萬種,扭著小蠻腰就走到了李淵的桌子前,向他行了個禮,這時的李淵一看見這個,骨頭都酥了半截。

　　常言道「酒逢知己千杯少」,這酒逢美人卻是萬杯不多。李淵身邊坐著這樣的美女,恨不得一口將她們兩人都吞進去。兩位

美女嬌聲嬌氣，連連勸酒，李淵呢，也是來者不拒，照單全收。

酣睡了一夜，天亮的時候，李淵的酒已經醒了一大半了，他突然聞到一股香氣，他揉了揉眼睛，左右一看，竟然有兩個美人陪著。李淵問她們是哪裡人，兩位美女異口同聲地說是晉陽宮裡的妃子。

一聽到這，李淵是大吃一驚，兩位美人聽完卻不慌不忙地說：「皇上現在哪還顧得上來這兒呀！現在外面這麼亂，我們要不是有您保護，哪兒還能在這兒住著呀！所以裴大人特別囑咐我們，跟著您才能保住性命啊！」

李淵滿腦子亂得像是一鍋粥，趕忙跑了出去，正巧就遇見了裴寂，裴寂笑著說：「識時務者為俊傑，隋帝昏庸無道，百姓連個安生的日子都過不上，你手握重兵，連你兒子都在暗地裡結交豪傑謀士，儲備軍馬，你為什麼還不乘機起義，讓百姓過上好日子？這隋帝一旦被打倒，你該怎麼辦？即便是他沒被打倒，就你和他的妃子同床共枕，這也是殺頭的死罪呀，你又該怎麼辦？」李淵聽完裴寂的這些話，就像是被誰打了一悶棍似的。

是啊，這後路都給堵死了，就算我不謀反也是死啊！況且隋煬帝早就對李氏宗族懷疑了，如果這事要是讓他知道，肯定會找個藉口殺了自己，甚至是誅滅九族的啊！

公元617年，李淵在太原起兵，豎起了反隋的大旗。雖然背叛了隋煬帝，李淵卻不想落個臣子篡位的惡名，於是把隋煬帝的孫子楊侑推上了皇位，做了個傀儡皇帝，歷史上稱為隋恭帝，還尊稱隋煬帝為太上皇，這也為李淵後來的改朝換代提供了便利。13歲的隋恭帝登上皇帝寶位後，李淵就被授為大丞相，還晉封了唐王，以大丞相的身分來輔佐國政。

公元618年，才當了一年皇上的隋恭帝就想以李淵「功德無

量，眾望所歸」為理由，把皇位讓給他，朝中的大臣也都覺得李淵應該順水推舟接下這人情。但是，當時的李淵卻覺得，皇上這麼一說，我就做了這個皇上，這不是明擺著我的目的太明顯嗎？於是就沒有答應。

在這之後，滿朝的文武百官是三番五次地勸進，一直拖到了五月，李淵才假裝勉為其難地同意了正式即位。

公元618年五月二十日，李淵在太極殿正式登基，改國號為「唐」，仍然定都長安。從此，中國歷史進入到大唐帝國時代。李淵作為唐帝國的開國之君，歷史上稱為——唐高祖。

第一篇 破譯盛唐君主的風雲人生

李淵一生之中最痛心之事

唐高祖李淵有22個兒子，與嫡妻竇氏（唐朝建立追諡穆皇后）生有4子：長子李建成立為皇太子，次子李世民封秦王，三子李玄霸早夭，四子李元吉封齊王。

晉陽起事，李建成之功不小，為皇太子後，李建成輔助李淵處理軍事之外的政務。但李世民經常領兵出征，戰功顯赫，威望不斷提高。於是，李建成和李世民兩人之間產生了爭奪皇位繼承權的鬥爭，李元吉則站在了李建成一邊。

唐高祖武德四年，李世民一舉擊破鄭、夏二集團，平定關東，聲望益高，與李建成、李元吉的明爭暗鬥更加劇了。

李建成、李元吉極力擴充勢力，結好朝中官員，聯絡後宮嬪妃；李世民在軍事活動中，團聚了一批文官武將，蓄養八百勇士，其妻長孫氏活動於後宮，爭取支持。

唐高祖武德六年以後，雙方矛盾更加尖銳。唐高祖武德七年六月，發生了楊文乾反叛事件，牽連到了李建成，李淵一面派李世民率兵平定楊文乾，並說要立李世民為太子，一面查究李建成的責任。李世民很快平定了

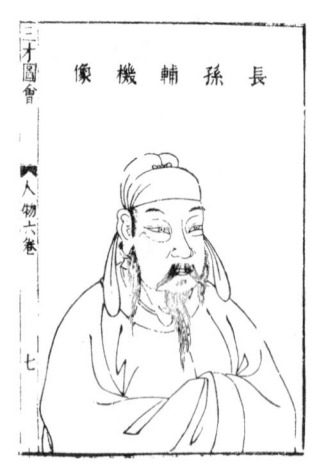

長孫無忌

楊文乾之亂。在李元吉和嬪妃請求及封德彝的解釋下，李淵改變了主意，不問李建成之罪，只歸罪東宮和秦王府臣僚。以後又發生了李建成請李世民飲酒後，李世民心痛吐血之事。

李淵知其兄弟不和，準備讓李世民到洛陽，形成天下一分為二的局面，李建民、李世民各治其半。李建成、李元吉認為放李世民到洛陽，就難以控制了，於己不利，便暗中阻撓，派人諫止。李淵又改變了讓李世民去洛陽的主意。

此後，雙方加緊活動。李建成指使人告李世民主要謀士房玄齡、杜如晦進讒言，將其逐出秦王府；又欲收買尉遲敬德等。李世民則收買東宮官員王晊等。

唐高祖武德九年（626年）突厥入侵，李建成乘機推薦李元吉代李世民統軍北征。李元吉自己請李淵將原世民手下大將尉遲敬德、程知節、段志玄、秦叔寶等撥歸自己，隨同北征，並將李世民帳下精銳之士盡揀入自己部下。這時，東宮官員王晊向李世民密告，說李建成將在為李元吉餞行時暗害李世民，並坑殺尉遲敬德等。

形勢危急，李世民急召房玄齡、杜如晦、長孫無忌等人密商發動政變。隨後，李世民向李淵密奏李建成、李元吉淫亂後宮，並說李建成、李元吉要殺自己，似是為王世充、竇建德報仇，自己死後到地下也恥見「諸賊」。李淵聽了十分驚訝，便對李世民說：「明天勘問他們，你應早到。」

唐高祖武德九年六月初四，李世民率長孫無忌等伏兵玄武門（宮城北門），殺死李建成、李元吉。李淵與諸相正在宮中海池泛舟，尉遲敬德戎服入見，告訴李淵：太子、齊王作亂，秦王舉兵誅之。李淵見事已至此，便下手令，「諸軍並受秦王處分」，平息了事變。

這就是歷史上著名的「玄武門之變」。

　　這年六月初七，李淵立世民為皇太子，並下詔：「自今軍國庶事，無大小悉委太子處決，然後聞奏。」他將權力交給了李世民。

　　這年八月初八，李淵決定傳位太子李世民，太子李世民推辭，李淵不許。八月初九，李世民即皇帝位於東宮顯德殿。李淵為太上皇，不再過問國事。後來，李淵徙居太極宮北之西苑內的弘義宮，後改為大安宮。

　　「玄武門之變」是李淵一生之中最痛心之事，在此次皇儲爭奪戰中，兩子喪命。這對李淵來說，打擊可謂不小。

唐太宗李世民
血染玄武骨肉殘

　　隋高祖開皇十八年（598年）十二月二十二，在京兆武功（今陝西武功西北）刺史李淵的宅院中，夫人竇氏為李淵生下了第二個男孩，這個男孩就是後來中國歷史上鼎鼎大名的唐太宗李世民。

　　李世民是唐高祖李淵的次子，自幼聰明敏捷，膽識過人，「善於騎馬，好弄弓矢」，還諳熟兵法。設計「逼反李淵建唐」。統一戰爭中，李世民功勞甚偉，為太子李建成、其弟李元吉所不容，可他一忍再忍，最終不得已於唐高祖武德九年發動「玄武門之變」，登上皇位。

　　李世民勵精圖治，廣納諍言，推行仁政。貞觀二十三年（649年）五月，唐太宗李世民去世，享年52歲，葬於昭陵（今陝西醴泉縣境內）。

　　李世民在位期間，用心治理國家，在政治、經濟、軍事、文化、思想、民族等諸多方面，實行了一系列的開明政策和利國利民的措施。唐朝政權因此得以鞏固，社會、經濟、文化也開始恢復和發展，人民生活逐漸安定下來，國力不斷增強，出現了一個比較安定祥和的社會環境。由於李世民統治時期的年號為「貞觀」，所以，史學家把這一段太平盛世稱為「貞觀之治」。

李世民葬父留下的歷史玄機

據史載，在李淵死後，李世民迅速作出了反應，當即表示遵從父親的遺詔，以劉邦的長陵為模本，厚葬父親，為李淵營建一座豪華的陵寢。根據一般帝王的思維和古人厚尊死者的觀念，李世民這樣做是合乎封建禮制的。但當時有大臣提出反對，理由是，漢天子即位一年即考慮營建壽宮，像樣的陵寢，最短的也花了10年時間，像茂陵，前後營建長達50年。所以，如果在短時間內，建造一座「漢版唐陵」有很大難度，而且不符合李淵生前「喪事從儉」的節約原則。反對李世民決定的代表人物是時為祕書監的大書法家虞世南，曾兩次上書，表示獻陵宜依古周制，封土三丈即可。李世民左右為難，便將此事拿到朝廷上，請宰相房玄齡等重臣復議。

在群臣意見一致的情況下，李世民改變了厚葬的初衷，但三丈太矮了，決定仍遵漢制築陵。

唐太宗

不過，此「漢」非彼漢，而是東漢。與西漢相對，東漢的帝王陵要簡單多了。東漢第一君、光武帝劉秀的原陵，封土堆高才6丈。獻陵最後就是依原陵的規制建成的，此規制屬折中方案。動土四個月後獻陵即建完成，就馬上下葬。速度之快，時間之短，頗少見。

史書上記載的這段關於獻陵規制爭議，同樣也有玄機。也有人說，這不過是李世民「薄葬」李淵的一個藉口，有理由懷疑其是有意讓虞世南、房玄齡挑頭反對自己的。

自古皇帝是金口玉言，話出口了，哪有輕易改變之理，何況在這麼重大重要的工程上？後來為自己營建昭陵時興師動眾，開鑿九嵕山，證明李世民當初葬父時不是「缺心眼」，而是多了一個心眼，把最好的一塊風水寶地九嵕山留給了自己和皇后。而且，將「依山為陵」的規制放到建設自己的昭陵上，首創帝王陵寢新規制，政績之外還可添一份歷史貢獻，李世民心裡對此應該很清楚的。

李世民在建好獻陵地宮後，又以神道為主軸，在地面上為獻陵築起內外城，設有很大的陵園，有寢宮、獻殿等地面建築。內城方圓約一里，以青龍、朱雀、白虎、玄武命名四門。令人痛惜的是，大唐這座首陵卻在唐後期農民起義中讓農民軍出於破壞李姓龍脈，發洩對大唐的不滿，給焚毀了，具體時間是憲宗李恆執政的元和十年（815年）十一月。

誰是李世民一生最愛的女人

　　唐朝貞觀年間的後宮有一位不僅不爭寵奪愛，反而為情敵走上龍床牽線搭橋的後宮嬪妃，她就是曾名動江南的一代才女徐惠，而那位情敵則是一代女皇武則天。

　　徐惠生於浙江湖州，湖州人傑地靈，人才輩出，唐代女詩人李秀蘭也是湖州人。徐惠天生聰明伶俐，那時她才5個月大的時候，她就會喊爹媽的名字了。4歲時，當別的孩子還只認得一二三四的時候，她已經把《四書》《五經》念得滾瓜爛熟了。8歲時，她已經能出口成詩了，而且辭致清麗，頗有水準。

　　出名須趁早，徐惠的才氣讓她具備了這樣的條件。她的名氣一傳十，十傳百，傳到了李世民的耳朵裡。李世民雖然不荒淫，但也好色，這樣的好女子豈能放過？於是一道聖旨召為才人，將一代才女攬入懷中。這時的她才不過11歲。

　　對徐惠來說進入皇宮是一件僅次於她來到這個世上的好事。因為宮中的藏書超過任何一個地方的收藏，求知慾極旺的她得以有機會遍覽群書，才學和見識也進步得更快了。

　　李世民是個極有品位的人，對身邊的女人也有很高要求。看到徐惠如此好學，他也十分高興，對她十分照顧，沒多久就把她由最末等的才人一下晉遷為九嬪中的第八級充容。而徐惠回贈給李世民的卻是許多的快樂。

　　有一次，李世民派人叫徐惠來見自己，本來興致挺高，結果

徐惠遲遲不來。李世民等了很久很久，好心情變成了一肚烈火。當徐惠姍姍到來的時候，李世民擺出了一副標準的門神臉。徐惠何等的聰明，馬上發現了丈夫的不快，但她只是嫣然一笑，揮筆寫了一首詩給丈夫消氣。李世民讀完之後，哈哈大笑，怒氣一下子全消失了。

除文學造詣外，徐惠在政事上也頗有眼光。李世民統治後期好大喜功，多次興兵攻打高麗，勞民傷財，民間怨聲載道。徐惠多次想勸諫他，都忍住了，後來終於在貞觀二十二年的時候再也看不下去，就認真寫了一份奏疏交給李世民，明確指出「地廣者，非長安之術；人勞者，為易亂之符。」希望李世民能夠多加節儉，休兵罷戰，還百姓以安寧。李世民讀完後有所醒悟，對徐惠重重獎賞了一番。

徐惠對李世民無疑是傾心相隨，然而，徐惠對李世民的摯愛有時達到過火的程度，尤其在李世民對待後宮嬪妃的寵幸上，徐惠更是展現出她虛懷若谷的雍容大度。武則天之所以能走上李世民的龍床，就是由於徐惠的牽線搭橋。

武則天是與徐惠同時進宮的宮女，當徐惠被御封為才人的時候，整日待在掖庭宮裡，跟太監們學一些規矩、禮儀、用語等各方面的宮廷常識。這位山西並州

武則天（馬駘繪）

的美女武則天機敏過人，還沒有見到李世民，便想了個主意，要和徐惠拜姐妹，通過徐惠來接近李世民。

於是，武則天每天就千方百計討好徐惠。這徐惠是一個才女，武則天常常以向徐惠請教學習上的各種問題到她的臥房。這樣一來二去，兩人就熟悉了。武則天見時機已成熟，便向徐惠提出拜姐妹之事，徐惠不假思索就慨然答應了。

當天晚上，兩人穿戴整齊，來到院子裡，燃香結拜，並互立誓言，如果雙方誰先被皇上寵幸，誰就提攜對方，使兩人同時在皇帝身邊，互相照應，永遠不分離。

後來，徐惠在為李世民侍寢時，就有意為武則天牽線搭橋。李世民當然十分相信這位江南才女推薦的人選，便同意讓武則天侍寢一夜。就這樣，武則天得以順利走上李世民的寢宮。

李世民被武則天的美貌一下子驚呆了。

然而，當武則天知道要第一次陪侍皇帝的時候，心中竟有些惴惴不安。她當然清楚，在這座金碧輝煌的宮殿之中，有許多爭先恐後的競爭者。同時自然也喚起她出人頭地的強烈願望，她想自己將來一定要超過她們。

是日午夜，武則天在提著燈籠的太監引導下，來到當時李世民常住的甘露殿，終於見到這位大唐的貞觀天子。看著近在咫尺的皇帝，武則天的心緊張得快要跳出來了。她覺得一陣痛楚，兩行淚珠禁不住滾了出來。李世民倍感珍貴，心中暢快非常。

李世民被武則天的眼淚所打動，不久便封她為才人，而且親自給她起了名字，叫做媚娘。

於是以後宮中便以才人武媚娘相稱。一度春風之後，李世民覺得意猶未盡，隔了一天，他又迫不及待地召幸武則天。再度侍候皇上，使得武媚娘感到無比的榮耀和榮幸，因此當天夜晚武則

天比往日更加容光煥發,美艷動人。

　　作為一代帝王的李世民,既喜歡武則天的嫵媚,也喜歡徐惠的詩文,當然,他要更喜歡徐惠的雍容大度。因此,他對徐惠感情的真摯成分要多於對武則天的感情,這也是徐惠傾心相隨李世民的真實原因。

　　但令徐惠始料不及的是,武則天在與自己的丈夫鳳倒鸞顛、幾度春風的時候,還與丈夫的兒子(李治,後來的唐高宗)保持著地下情人的關係。

　　然而紅顏薄命,李世民過世後,徐惠相思成疾,太醫開方熬藥,她竟然堅決不喝,鐵了心想隨夫而去。就愛情而言,最大的痛苦莫過於習慣了一個人的存在,而對方卻突然消失了,徐惠這樣做也在情理之中。就在李世民去世的第二年,徐惠得償所願,從容去世,終年24歲。

第一篇　破譯盛唐君主的風雲人生

一代明君李世民殺弟奪妻之謎

　　李元吉是唐高祖李淵的元配竇皇后生的第四子。楊氏是齊王李元吉的妃子，是長安教坊的一個舞伎，她冰雪聰明，眼眸顧盼間搖人心旌，且知書識字，能吟詩作賦，後被李元吉收為妃子，十分受寵。楊氏生得體態風流，性情柔媚，面如出水芙蓉，腰似迎風楊柳，在唐室王妃中最為美艷。楊妃的美貌，任何鐵石心腸的人，見了她也要動心，縱是李世民也不例外。

　　李建成為太子的時候，李世民覬覦帝位，且在滅隋的過程中積累了相當的實力。李元吉在這場鉤心鬥角的權力爭奪中站在了李建成這一邊。武德九年六月，24歲的李元吉在「玄武門之變」

玄武門（紀錄片《大明宮》劇照）

中被李世民射死。玄武門之變三天以後，唐高祖李淵宣布立秦王李世民為太子，處理國家一切政務。

楊妃平時與秦王李世民的妃子長孫氏交情莫逆。李元吉身亡家破，楊妃正花樣年華，只落得孤帷寂寞，舉目無親，長孫氏念及舊情，常邀她過來敘舊，好言勸慰。

一天，正當楊妃與長孫氏座談，忽然李世民進來，楊妃起座相迎，待李世民坐定，她屈膝下跪，對著李世民請求把她處死，弄得李世民不知怎麼辦好。

長孫氏慌忙勸解，楊妃嬌啼宛轉，楚楚可憐，其實這不過是楊氏獻媚的手段。李世民那樣一個絕世英雄，也不禁情腸淒楚。況且她淡妝淺抹，秀色可餐，那種哀艷態度，真是筆墨難述萬一，令人魂銷魄蕩。李世民離開了座，連稱請起。長孫氏忙來攙扶，好容易才把楊妃挽起，楊妃還是哭個不停。

李世民說：「王妃不要過悲！齊王謀亂，與王妃沒有關係。我在世一日，總會休戚與共，不要過慮！若嫌在齊王府寂寞，不如徙居我這裡，好在你姊妹兩人，一向沒有嫌隙，彼此相安度日，我也免得擔憂了。」

楊妃本是個隨高逐低的人物，當然唯命是從，當天便遷居過來。遇到春秋佳節，李世民每賞賜妃嬪花粉珍寶，也照樣賞賜楊妃一份。元宵那一天，日本國遣使朝貢，貢品裡面有鮫綃宮帳兩頂，是南海中鮫魚吐的絲織成的，薄得和蛛網一般，拿在手中像空氣，掛在床上，裡外明徹。李世民收入後宮，一頂賜予長孫氏，一頂卻賜予楊妃。

從來宮中賞賜，沒有人敢與長孫氏相同的。女人家最容易被這些打動，楊妃不禁暗自心喜。李世民平日無事，便往她室中敘談，漸漸地開始不避嫌疑，最後到耳鬢廝磨，兩情入縠。

第一篇 破譯盛唐君主的風雲人生

李世民偶然有一天不來，楊妃心中便好似丟了什麼似的，飲食無味，魂夢不安。一待到聽得外邊有腳步聲，楊妃便不覺柳眉輕舒，桃腮凝笑。

一天深夜，夜漏將半，楊妃已經就寢入睡，忽然侍女進來說：「太子到了。」楊妃慌忙穿衣起床，略整妝容之後，便出去相迎。

楊妃立即跪下稱賀，李世民趁著酒意，竟用手攙起楊妃的手說：「我還尚未受禪，怎好受賀？」楊妃輕輕推開李世民的手，才半嗔半喜地站起來。這時正值仲秋，皓月當空，月光的清輝灑進來，室內銀燭高燒，人影約約綽綽。

李世民在燈月下定睛瞧著楊妃，見她雲鬟半卷，星眼微揚，穿一套縞素羅裳，不妝不束，卻更顯出明媚如玉。楊妃見李世民注著雙瞳，也不禁莞爾一笑。

那時西軒早啟，晚宴初陳，李世民邀楊妃入席，真所謂：「酒為色媒，色為酒媒。」

楊妃入席時，還有三分靦腆，及至酒過數巡，漸把羞澀撇在腦後，抬頭看著風流倜儻的儲君，英姿灑落，眉宇清揚。侍女撤去殘餚，單剩兩人在床幃裡成就了好事。

隔了數日，唐高祖禪位於李世民，是為唐太宗，冊長孫氏為皇后。楊妃被納為妃嬪，日加寵眷。太宗嬖寵楊妃，便也捎帶著為死去的李元吉加封，追封為海陵郡王。

後來長孫皇后去世，太宗欲把楊妃升入正宮，魏徵再三爭論，說陛下須為萬世家法，萬不可使失節婦人母儀天下，太宗只好死了這條心。

誰是玄武門之變的始作俑者

唐高祖李淵與皇后竇氏，共生有四子一女。長子李建成，次子李世民，三子李玄霸，四子李元吉，女為平陽公主。諸子中，李玄霸早年夭亡，其餘三子一女均跟隨李淵，在建立唐朝一統江山的鬥爭中，各有建樹。

唐代政變中有三次「玄武門之變」。只因李世民發動的這一次最為著名，所以一般提到「玄武門之變」，若不特別說明，均指李世民發動的這一次。

「玄武門之變」以秦王李世民成功射殺太子李建成和齊王李元吉而結束，宮廷門外，兩兵交戰，血流成河。只是，到底哪一方才是這場政變的始作俑者呢？關於這一點，有三種說法：

一、太子李建成心胸狹窄。

此觀點認為，「玄武門之變」雖然是秦王李世民策動的，但卻是由李建成自己釀成的。李世民在不得已的情形下，才決定先發制人，主要責任在太子李建成。

唐王朝建立後，李淵以「立嫡為長」的傳統慣例，冊封李建成為皇太子，立李世民為秦王，但無論是太原起兵還是真正統一全國，應數李世民的功勞最大。李世民智勇雙全、功勳卓越、人心傾歸，再加上秦王府的謀士驍將，更讓李世民如虎添翼，形成一股強有力的政治力量。而太子李建成心胸狹窄，妒心頗重，他自知功不如秦王高，名不如秦王大，謀臣不如秦王多，總覺得李

世民的存在對他是一個潛在的威脅，便聯合齊王李元吉，對李世民百般陷害、讒言挑撥、造謠中傷。

李建成還千方百計地打擊或者收買秦王府的官屬，甚至用金銀器帛等收買秦府將領尉遲敬德、段志玄、李安遠等，但都遭到了拒絕。此計不成，又生一計，李建成與李元吉認為「秦王府智略之士，可憚者獨房玄齡、杜如晦耳」，又在李淵面前告黑狀，將房、杜逐出秦王府。唐高祖武德七年，李建成企圖剪除秦王府猛將程知節，暗中借李淵之手，將他調為康州刺史。

據《資治通鑑》記載，就在「玄武門之變」發生的前幾天，李建成乘北征突厥之際，圖謀將秦王府的精兵和驍將轉移到自己手裡，然後再除掉李世民。只是這一次陰謀洩露，未能得逞。

面對李建成、李元吉咄咄逼人的氣勢，李世民一忍再忍。李世民的僚屬們認為，只有先動手誅殺李建成與李元吉，才能「安家國」，而且矛盾的衝突已經發展到生死存亡之際，刻不容緩。在周圍大臣的說服下，李世民才決定先發制人，發動「玄武門之變」。可見，李世民之所以發動宮廷政變，完全是出於迫不得已。所以說，太子李建成才是這場政變的始作俑者。

二、這是李世民蓄謀已久的一次謀殺行動。

「玄武門之變」主要是由李世民策劃的，事變的發生是因為他對自己功勞與地位的心理不平衡引起的。

從唐高祖武德元年（618年）六月掛帥出征，到唐高祖武德五年（622年）七月勝利班師回朝，歷經4年，李世民英勇善戰，征服了當時國內主要的割據勢力，為建立唐王朝的統一帝國做出了巨大的貢獻，成為李唐王朝中無與倫比的特殊功臣，威望與日俱增。李世民擔任尚書令之職，位居宰相，又掌握著大量軍隊，權力逐漸擴大，地位迅速上升。

但是，由於李世民是李淵的次子，按照宗法禮儀和古代皇位繼承制度，皇帝的位子是輪不到他來做的。李世民要想做皇帝，就不能依靠正常的方式和途徑。

為了達到奪位的目的，李世民一方面爭立戰功，擴大自己的影響力；另一方面大力網羅人才，暗中積聚力量。攻下洛陽後，李世民招賢納士，設天策府、文學館。如果說天策府是秦王李世民軍事上的顧問決策機構，那麼文學館實際上是李世民政治上的智囊團。文學館中的房玄齡、杜如晦、虞世南、孔穎達、姚思廉、李玄道、許敬宗等18人被稱為秦王府「十八學士」。

這18個人中，既有博學多識的知識分子，也有政治軍事方面的智囊之士。後來事實證明，十八學士中的房玄齡、杜如晦等都是「玄武門之變」的密謀策劃者。天策府和文學館的建立，標誌著以秦王李世民為核心的政治集團的形成。這時，即使李世民不產生爭奪最高權力地位的念頭，他的文武功臣也不會甘居府館，真正是「勢難雌伏」了。

除爭立戰功和網羅人才外，李世民還通過妻子長孫氏爭取高祖妃嬪的支持，甚至對東宮集團心腹人物也進行收買，為其所用。玄武門是入宮必經之地，李淵自然要用最信任的武將來把守，而玄武門的值班將士常何卻被李世民所收買。收買一個人，是一時之間就可以做到的嗎？這說明李世民早有為皇之心，又說明他早有為皇之備。

李世民積極進攻，迫不及待地利用一切機會發動攻勢，貞觀史籍中處處把李世民寫成被動挨打的局面，是背離史實的。東宮太子的謀士魏徵「見太宗勳業日隆，每勸建成早為之所」，就是因為看到秦王對太子的威脅日益嚴重，所以常勸李建成早日動手，除掉李世民。

如果不是李世民咄咄逼人的氣勢，太子李建成根本用不著與秦王李世民爭鬥，他本來就該是順理成章的皇帝。因此，「玄武門之變」是蓄謀已久、精心策劃的一次刺殺行動，絕不是緊急時刻不得已而為之，事變的始作俑者是李世民。

三、李淵的中立態度成為雙方武力衝突的導火線。

據史書記載，晉陽起兵時，李淵就對李世民說：「若事成，則天下皆汝所致，當以汝為太子。」

在太子李建成與秦王李世民長期明爭暗鬥的矛盾衝突中，唐高祖李淵始終採取了不偏不倚的中立態度。李淵不希望看到兒子之間的相爭，更不希望發生隋文帝楊堅時重新廢立太子的事（隋文帝因為廢太子楊勇改立楊廣而被害於仁壽宮中）。

在兒子們暗中較量的過程中，李淵總是盡可能使事態緩和。導致李世民兄弟之間不相容的因素很多，李淵的努力有時候顯得是頭痛醫頭、腳痛治腳，對於這樣的權力之爭，他當然沒有治本的辦法，也沒能制止事端的一步步升級。

比如秦王李世民功勞卓著時，為了滿足李世民的慾望，使他不至於爭奪皇太子地位，李淵別出心裁地搞了個「天策上將」的封號。而當李淵發現李世民的一些「專制」行為時，又流露出強烈的不滿情緒，所以在唐高祖武德五年，劉黑闥引突厥入侵，李淵令太子李建成前往討伐，實是有意讓太子李建成也建立軍功。

唐高祖武德七年，屬於太子一系的慶州都督楊文乾叛亂，李建成單身入宮請罪，李淵怒而囚禁李建成，派李世民平定叛亂，許諾回朝後立李世民為太子。但是，楊文乾叛亂平定後，李淵對太子李建成並沒有處分，只將太子身邊的謀臣王珪等人和天策府的兵曹參軍杜淹貶到了遠方，這讓李世民感到很失望。

李元吉曾密請殺死李世民，李淵認為沒有殺他的理由，李元

吉說：「秦王初平東都，在那裡逗留，顧望不還，還散錢帛來樹其私恩，又違反敕命，不是反又是什麼？再說，只要想把他殺死，何患無辭！」李淵最終也不肯答應。

唐高祖武德九年抗擊突厥時，太子李建成奏請齊王李元吉出征，並建議抽走李世民的精兵強將。李淵十分清楚這一措施所包含的真正目的，卻仍然同意了太子李建成的請求。

站在父親的角度，李淵反對李建成、李元吉加害李世民；處於皇帝的位置，他又不願改立李世民為太子。在覺察到李建成和李世民勢不相容後，李淵甚至準備建東西兩宮，土地分東西兩半，讓李世民「居住洛陽」，「自陝以東」由他管轄。

這種辦法，不僅是夢寐以求太子地位的李世民不願接受，就是李建成、李元吉也極為不滿。在他們看來，李世民如果前往洛陽，手中掌握土地城池及武裝部隊，以後誰都無法控制他。假如把李世民留在長安，不過一個孤單匹夫而已，制伏他易如反掌。李世民不願離開長安，李建成、李元吉阻止其離開長安，不言而喻，李淵緩和矛盾的措施無濟於事。

而且事實上，李淵這一「平衡」政策在客觀上助長了李建成步步緊逼李世民的惡念，也使李世民更加堅定了以武力爭奪皇位的決心。最終，李淵所不希望看到的「骨肉相殘」的場面，終於成了血淋淋的事實。因此，李淵的責任是不可推卸的。

以上這三種說法，誰是誰非，由於真實歷史資料的缺實，目前已無從考究了。

李世民死因大揭祕

唐太宗李世民是中國歷史難得一見的有為皇帝,可以說,是他一手奠定了中國封建時代最輝煌的時期——唐代。這麼一位傑出帝王,卻是慢性中毒而死。

據史載,貞觀二十三年(649年)四月,「上崩於含風殿,年五十二。」所記很簡單。

李世民的具體死因,傳統認為是死於痢疾,實際並不這樣。貞觀二十一年,李世民得了中風的疾病,癱瘓在床上。經御醫診治,半年後病體稍愈,可以三天上一次朝了。如繼續邊治邊養,說不定會逐漸康復的。

可是,此時的他卻迷戀上了方士們煉製的金石丹藥,希望自己長生不老。他先是服食了國內方士煉出的丹藥,並不見效,認為國內方士們的道術淺,於是派人四處訪求國外高人。

貞觀二十二年,大臣王玄策在對外作戰中,俘獲了一名印度和尚,名叫那羅邇娑婆。為迎合李世民乞求長生不老的心理,王玄策把他獻給了李世民。

這個印度和尚吹噓自己有200歲高齡,專門研究長生不老之術,並信誓旦旦地說,吃了他煉的丹藥,一定能長生不老,甚至可以在大白天飛升到天宮裡去成為仙人。

他這番鬼話還真就打動了李世民,遂給這個印度和尚安排住進了豪華的館驛,每餐都是豐盛的美食,天天有一大群下人侍奉

著,生活不亞於帝王。

這傢伙見李世民對自己深信不疑,就煞有其事地開出一大串稀奇古怪的藥名來,李世民號令天下,按此方採集諸藥異石,不論任何代價,不惜一切犧牲,只要能採辦到印度和尚藥方中的藥,哪怕刀山火海也得取來。

一年之後,藥配製好了,李世民非常高興,毫不遲疑地將藥全吃了下去,結果七竅流血中毒暴亡。這時他才52歲,是中國歷史上被「長生藥」毒死的第一個皇帝。他沒有做到慎終如始,竟這樣荒唐可悲地過早離開了人間。

唐高宗李治

昏庸懦弱輸女流

　　唐高宗李治（628年—683年），字為善。貞觀二年（628年）出生，唐太宗第九子，母文德順聖皇后長孫氏。貞觀五年（631年）封晉王。貞觀七年，遙授並州都督。太宗晚年，太子李承乾和魏王李泰間發生了爭奪皇位繼承權的鬥爭。貞觀十七年，李承乾謀殺李泰未遂。事發，太宗廢太子承乾，黜魏李泰，改立晉王李治為太子。

　　貞觀二十三年五月，太宗去世，李治即位，是為唐高宗，時年22歲。次年改元永徽。高宗即位起初四五年間由顧命大臣長孫無忌及褚遂良等掌握朝政。太宗女高陽公主嫁房玄齡子遺愛，高宗即位，貶遺愛為房州刺史。永徽四年次年（653年），房遺愛、荊王李元景及吳王李恪等謀反。事發，遺愛被殺，李元景、李恪及高陽公主等均賜死，高宗帝位由此得到鞏固。

　　弘道元年（683年）十二月，高宗去世，享年56歲，葬於乾陵。廟號高宗，諡號為天皇大聖大弘孝皇帝。

李治奇異的戀母情結

　　李治歷來被一些人看成是昏懦之君，被武則天以媚術迷惑，致使李唐王朝大權旁落。在對唐高宗與武則天，這一時期的歷史研究中，高宗往往是被研究者忽視的一個人物。如在高宗冊封武則天為后一事上，許多學者或立足於武后自身條件和她的主觀努力；或著眼於社會環境，強調事件的客觀背景，對高宗在這個事件中所起的作用卻極少有論及。

　　事實上，最先提出立武氏為后的，是高宗；最後拍板決定的，還是高宗。他的戀母心理，使他對比自己年長4歲的武則天產生了一種似母親又似情人的感情，也給予他力量去與反對者爭執，甚至是去求他的舅舅輔政大臣長孫無忌。高宗的戀母心理，在對武則天的依戀中表露無遺。

　　現代心理學證明，兒子有一種強烈地渴望母親的照料、保護、無處不在的愛和贊許的欲念。這種心理被稱之為戀母心理。具體到唐高宗李治，就是指他對其母長孫皇后的依戀和愛戀。溫柔慈祥、英明果斷的母親竟然在李治8歲時永遠地離他而去了！

　　8歲的孩子，正是享受母愛的年齡，失去母親使他痛不欲生。「哀慕感動左右，太宗屢加慰撫」。母親的早逝給高宗的心靈帶來了深重的創傷。

　　心理學大師佛洛伊德認為：「在男人身上，當他們還小的時候，母親以及其他照顧他們的女性對他們的情愛，日後出現在記

憶裡，也是一份重大的力量，指導他們去趨向女人。」對母親的愛使男孩「總在尋找一個能代替母親形象的女人，因為這個形象從他最稚嫩的年代開始，早已統轄著他的心靈。」

這段話用在李治身上是極其適合的，因為他的心靈中的確是被他母親佔據了。之後十多年，李治對母親的思念更深了，他在潛意識中一直在不斷地尋找與母親相似的女人，直到他遇到了武則天。

李治與武則天初遇時，還只是個年輕的太子。武則天則剛剛入宮，是太宗的才人。當時李治身邊並不缺少女人，但武氏的成熟穩健以及她頗似長孫皇后的氣質深深地吸引了高宗。很快，武則天就由太宗的后妃變成了高宗的情人。

到永徽年間，高宗在感業寺又見武媚娘時更是感慨萬分，相對落淚。此時的武氏歷經坎坷，更透露出一種成熟女人的風韻，一種頗似母親的氣息，這強烈地吸引著高宗。

此時的高宗，初登帝位，心情十分壓抑。一方面，他懦弱的性格使他無法駕馭群臣；另一方面，輔政大臣以長輩自居，時時拿太宗來壓他，動輒訓導，使得高宗除了點頭答應外毫無發言權。太宗雖死，但消失的只是他的肉體，他的餘威仍舊壓在高宗身上，甚至籠罩著整個朝廷。

此時的高宗多麼希望能得到母親的支持和安慰啊！就在這時，武氏再次出現。雖然武氏與長孫皇后實際上有很大的差別，但在高宗眼裡，她們是多麼相似啊！

武則天性格剛烈，又有豪氣。這在她入宮之初就表現無疑。她在做太宗才人時，曾自告奮勇為太宗馴一匹名叫獅子驄的寶馬。此馬肥壯暴烈，無人能馴。武氏說只要給她三樣東西，她就能馴服此馬：「一鐵鞭，二鐵撾，三匕首。鐵鞭擊之不服，則以

搰其首,又不服,則以匕首斷其喉。」

這種勇武剛烈的性格正是高宗所缺乏的,但又是他最需要的。看來武氏最令高宗傾倒之處就在這裡。有了這種氣概,高宗就能增強信心,使他在群臣面前挺直腰桿說話。

同時,武氏又是溫柔的。史稱「武氏巧惠,多權數,初入宮,卑辭屈體以事後,後愛之,數稱美於上。」武氏重回宮後,對當時高宗的皇后王氏「卑辭屈體」,服侍得體貼周到,王皇后對她贊不絕口。她侍奉高宗則更是加倍地溫柔體貼,使高宗感受到了如母親般無微不至的關懷。

在武則天當上皇后和參政之後,她在政治上的能力與才華更是發揮得淋漓盡致。武氏在太宗身邊服侍了12年,卻未被其重視。太宗英明睿智,慧眼識天下英才,卻偏偏對身邊這個相伴數十年的「中國歷史上最奇特之人物」視而不見。反倒是他懦弱無能的兒子發現了這個奇女子,並對她依戀終生。

一是來自高宗心靈深處的對母親的摯愛,使他發現了這個頗似母親的女子,對高宗來說,武氏是情人,更是母親;二是武則天作為妻子,更是得力的助手,有了她,高宗可以擺脫太宗的陰影,可以駕馭群臣,可以開創另一個「貞觀之治」。

事實也證明,武氏的能力並沒有讓他失望。

李治廢后真相

高宗永徽六年，唐高宗李治廢皇后王氏為庶人，立昭儀武氏（武則天）為皇后。幾乎同時，朝廷的元老重臣如長孫無忌、褚遂良等，均因為反對立武則天為皇后而遭到貶逐或誅戮。

對於這一史實，很多人都將矛頭指向武則天，認為是由她一手策劃和導演的。但是，持這一觀點的人往往是只看到事件的表象就下了臆斷。那麼，歷史的真相究竟是什麼呢？

廢王皇后立武則天，許多史書上都將這件事歸結為高宗的「昏懦」。這種說法最早源於《新唐書》，認為高宗「昏懦」而受制於武則天，至死也不知採取點什麼措施改變一下這種局面。

後人大多繼續這種說法，認為高宗是個亡國的昏君，才會任武氏擺布。但是，只要我們全面仔細分析一些史料，就會發現這種說法並不客觀。

史載，高宗在繼承帝位之後，繼續遵循太宗的各項政策，「表現得頗為能幹」。他在繼位之初就鼓勵群臣進諫，基本上能做到禮賢下士，虛心納諫。

《資治通鑑》稱永徽年間的政事「有貞觀之遺風」，是對高宗能力最有力的肯定。

高宗的政事才能還表現在賞罰分明上。高宗的叔叔滕王李元嬰和高宗的哥哥蔣王李惲肆意搜刮民財，高宗在賞賜諸王布帛時，唯獨不賞賜滕王和蔣王，說他們「自能經紀，不須賜物。給

麻布兩車以為錢貫。」使兩王頗感慚愧。高宗處事十分果斷。

永徽三年，他及時平息了吳王恪及高陽公主、房遺愛、薛萬徹等人的叛變。

高宗在位約34年，其間的前14年在政治、經濟方面有著不可忽略的政績。他繼續推行加強中央集權的各項制度，包括繼續施行均田制，令長孫無忌等修成《唐律疏議》，繼續推行並進一步發展了科舉制度，保持了國力強盛，加強與友邦的睦鄰友好關係，維護國家穩定、統一。

單從這些方面來看，說唐高宗「昏懦」實在有失偏頗，認為廢立皇后之事不是他的想法似乎難以令人相信。

試想，以唐太宗李世民之英明，經過慎重考慮而立的太子，又怎會是一個「昏懦」無用之人？

高宗雖沒有其父創業時的恢弘氣度和足智多謀，但至少他夠得上是個守成之君。至於武則天，她當時只不過是一個昭儀，還不可能具備指揮高宗的力量。如果她當時可以輕鬆駕馭高宗的話，也不必以扼死自己的親生女兒為代價了。無論如何，高宗不大可能僅憑武則天的一面之詞就輕易地廢掉皇后。

那麼，他為什麼要廢掉王皇后？專家們認為這其實與高宗即位之後的政治形勢密切相關，廢立皇后僅是當時政治交鋒的一個焦點。

高宗父親唐太宗在去世之前，對兒子的能力不太放心，所以讓他最信賴的當時僅有的兩位宰相長孫無忌和褚遂良為顧命大臣，吩咐他們要盡心輔助扶持李治。長孫無忌是高宗的舅舅，是當年太宗玄武門之變的重要策劃者，為太宗貞觀年間的頭號重臣。褚遂良以文才著稱，當年極力主張立李治為太子，是一個公認的正人君子。

初登王位的李治，年齡剛20出頭，正是血氣方剛之時，雖然他的父親與兩位顧命大臣有著很深的交情，但是他自己與他們卻並沒有多少感情可言。相反，在這兩位大臣的「輔助」下，李治做事常常會有束手束腳之感。長孫無忌和褚遂良的倚老賣老，使得高宗想擺脫他們控制的願望越發強烈。

永徽三年七月，大臣們又提出了立太子的事情。事情的起因是柳奭和王皇后商量想立後宮劉氏所生的高宗長子陳王忠為太子。為什麼柳奭和王皇后要立陳王？因為王皇后生不出兒子，而劉氏出身低賤，王皇后希望自己立陳王忠後，陳王會感激她。柳奭知道靠自己一個人這件事是做不成的，遂與褚遂良、長孫無忌、韓瑗、于志寧等商量後一起上書。

立太子事一旦挑明，高宗十分失望，自己提拔柳奭、于志寧等人原本是想用他們來分長孫無忌和褚遂良的權，現在卻與他們站在同一戰線上，而且內有王皇后呼應。

年少氣盛的高宗自然是不會輕易罷休的，決定把希望轉而寄託在培育外朝的新勢力上，遂先後任命禮部尚書許敬宗和中書舍人、弘文館學士李義府等為宰相。

這時他已下定決心，外要除掉隨時牽制他的一幫老臣，內要廢掉已成為自己對立面的王皇后。因為隨著柳奭向長孫無忌等人的靠攏，王皇后已逐漸成為高宗與元老重臣相爭的焦點。

永徽六年（655年），高宗主意已定，召集眾大臣商量廢后。元老重臣中褚遂良堅決反對，高宗馬上貶他為潭州都督。長孫無忌也多次上書談到不能立武后，高宗先是極力拉攏他，祕密派人賜給他金銀寶器，但長孫無忌仍不領情。武后母親楊氏親自登門讓無忌不要反對，許敬宗也在高宗的授意下反覆勸導，但無忌還是我行我素。

數年後，高宗餘怒未消，先是貶他到黔州，接著又派人去審問他的案件，最後認為無忌要謀反，令他自盡了事。

　　武則天約在永徽初年召入宮中，儘管貌美無人能敵，但在短短幾年中以區區昭儀地位，而使高宗俯首聽命肯定是不可能的。王皇后其實年齡比武則天小好幾歲，人也長得很漂亮，但武則天「素多智計，兼涉文史」，深得高宗寵愛，一旦廢后，高宗也已有滿意的替補。於是，武昭儀被冊立為后。

　　實際上高宗所做的，無非是順我者昌，逆我者亡。高宗廢后的背後，其實是一場驚心動魄的政治搏鬥。鬥智鬥勇，智者必勝，勇者必勝，王皇后被廢其實多少是存在著必然性的。

解說李治昏庸之謎

　　唐高宗是唐朝第三代君主，在位33年。由於病弱，655年，在武則天成為皇后之後，他就讓武則天參與朝政，時人稱為「二聖」。對唐高宗在歷史上的作用，一般認為他是個昏庸之主。范文瀾先生說：「唐高宗臨朝，臣下來奏事，不會作判斷，要宰相提出意見，才算自己有了主意。他這種昏懦的性格，勢必扶植起統治階級內部的腐朽勢力，引導國家從亂到亡的道路。」這樣的說法，把唐高宗這個人徹底否定了。

　　一些主張高宗昏庸的觀點認為唐高宗患風眩不能視物，百官奏本常由武后代為參決。自顯慶五年（660年）起，政事都委託給武后，權力和皇帝相等。但武則天不久就作威作福，連唐高宗要辦的事也受她控制，唐高宗十分不滿。

　　麟德元年（664年），武后常讓道士入宮行「厭勝」之術，被宦官王伏勝上告。高宗大怒，找西台侍郎上官儀來商量。

　　上官儀說：「皇后專恣，海內所不允，請廢之。」唐高宗就命上官儀起草廢皇后詔書。

　　不料武后安插在唐高宗身邊的耳目隨即將此事報告武后，武后立刻到高宗面前解釋。唐高宗昏庸懦弱，心有不忍，又怕武后發怒，竟說：「我本來沒有廢你的心思，都是上官儀教我的。」

　　於是，武后指使許敬宗誣告上官儀、王伏勝和廢太子李忠謀反，都被處死，與上官儀有來往的大批朝官，都遭流放或貶官。

從此，每當唐高宗上朝，武后都坐在簾後，大小政事都參與裁決，升黜官員或生死大事，都憑武后決定。此後，唐高宗只是名義上的皇帝，直至弘道元年（683年）在洛陽宮中病死。

相反的觀點認為，說唐高宗昏庸是缺乏根據的。說他「昏庸」，最早見於《新唐書》。

《新唐書》卷七十六《則天順聖皇后武氏傳》說：「（武后）已得志，即盜威福，施無憚避，帝也懦昏，舉能鉗勒，使不得專。」同書卷一百五《長孫無忌傳》也說：「帝暗於聽受。」同卷《褚遂良傳》說：「帝昏懦，牽於武后。」

歐陽修說他昏庸的主要論據，認為唐高宗為武則天所控制，並按其旨意貶殺了褚遂良和長孫無忌。褚遂良被貶在武則天當皇后之前，長孫無忌的被殺，是在武則天當上皇后不久的事情。

一些專家認為，這時的武則天還沒有把皇后的位子坐熱，怎麼就能夠「盜威福」貶殺高宗的顧命大臣？實際上，貶殺褚遂良和長孫無忌的不是別人，恰恰就是唐高宗自己。

也有一些人認為，高宗顯慶以後，唐中央政府與吐蕃、突厥、高麗等或戰或和，以及研討方略、獎懲將士等全系唐高宗決策，對公卿宰臣的任用黜陟也是如此。從唐高宗去世到武則天稱帝，共經歷了7年時間，武則天的力量主要是在這個時期集聚起來的，而在此之前，武則天雖然預問朝政，但權力有限，不能左右朝政。

唐高宗在位前14年中，他的政績之犖犖大者主要有：①他繼續推行了唐太宗時加強中央集權的各項制度；②唐高宗在位前期，至少是尚能維持國力於不墜，而統治區域還稍有擴展；③唐高宗在位期間社會經濟仍在向上發展。

唐高宗政績之所以史書記載較少，也不突出，其原因可能是

即位初期元老勳臣如長孫無忌、褚遂良等權重，精明而又有才幹的武則天為皇后後，又直接參與執政。

也有人指出，唐高宗根本沒有昏庸之舉。在即位之前，曾參決朝政，頗得唐太宗稱贊。即位之初，也勤於國政，每日臨朝，孜孜不倦。他不僅能夠遵循唐太宗的大政方針，而且也表現出了管理國家的才幹。

具體表現在他十分重視法制建設。他令長孫無忌等修成《永徽律》，還逐條對之進行注釋，寫成《唐律疏議》30卷頒行天下。他維護了國家統一，討伐西突厥，鞏固了唐王朝在西域的統治。他有過錯，如容忍和支持武則天對王皇后、蕭淑妃的殘酷迫害，在對褚遂良和長孫無忌等人的處理上，也沒有很好地站在公正的立場上，但這並不能說明他是個昏庸之君。

因此，用高宗的昏庸來解釋武則天之所以能參與朝政的原因，顯然是不妥的。所謂的唐高宗「昏庸」，至今仍是一謎，令我們左右為難，無法圓滿解釋。

周聖神皇帝武曌

女王好色穢春宮

　　武則天，唐代女政治家，唐高宗李治的皇后，後稱帝，國號為周，690年至705年在位，是中國歷史上唯一的女皇帝。武則天名照，她創新字，改名曌。因武則天在唐高宗為則天皇后，稱帝為則天大帝，故稱武則天。

　　武曌祖籍並州文水（今山西省文水縣），其父武士彠原是大木材商人，後隨李淵起兵，到唐朝官至工部尚書，進封應國公，領有豐厚的良田與食邑作為封賞。武曌生母是武士彠的續妻，隴右大士族、隋朝宰相、遂寧公楊達之女。

　　唐高宗弘道元年（683年），李治去世，李顯繼位為中宗，尊武曌為皇太后，由人后臨朝稱制。兩個月後，武曌便廢中宗為廬陵王，立四子李旦為帝，為睿宗。李顯、李旦都很昏庸懦弱，在帝位時也是受制於武曌的傀儡，武曌執掌實權。

武則天皇后

一代女皇的執政生涯

公元684年，被武曌貶黜的徐敬業等人以李顯被廢為藉口從揚州起兵，聚眾十餘萬人。在朝廷內部，宰相裴炎乘機要挾武曌讓位李旦。在內外交困的情況下，武曌當機立斷，先派李孝逸為揚州道大總管，率三十萬大軍前往討伐，迅速討平了徐敬業的十萬大軍，之後處死了裴炎等人。此後，公元688年，唐朝宗室越王李貞、琅玡王李冲父子又以「匡復」為名，分別在豫州和博州相繼反武，企圖聯合四方宗室諸王「共趣神都」洛陽，奪取政權。武曌對此也毫不手軟，堅決予以鎮壓，這些叛亂也很快被平息。

公元690年，武曌經過了多年的準備之後，先借佛僧法明之口，廣造輿論稱武曌為彌勒佛轉生，當代唐為天子。接著在自導自演的以李旦為首的六萬臣民的勸進聲中，武曌廢唐睿宗李旦為皇嗣，自立為帝，改唐為「周」，自號「聖神皇帝」，改元天授，史稱「武周」。改東都洛陽為神都。從唐高宗永徽六年（655年）武曌當皇后參決政事起，直到705年退位為止，前後參與和掌握最高權力達半個世紀之久。

在武曌當政期間，也有很多過失。武曌在奪取政權的過程中大肆剪除異己，打擊政敵，並濫殺一些被她懷疑的大臣。唐初的元老重臣如長孫無忌、褚遂良、于志寧、裴炎及程務挺等人，少數被貶逐，多數遭誅殺；李氏皇室及宗室諸王相繼屢遭殺戮。

由於武曌執政後多疑臣民不忠於己，於是她採取嚴刑峻法，

大肆誅殺異己。武曌在朝堂上設置銅匭（類似於「檢舉箱」），獎勵告密。全國各地的人，不論貴賤，都可親赴京城告密，沿途還會受到很好的接待。到了京城，武曌還會親自召見。

告密如果屬實，封官賜賞；告密失實，也不犯錯。設置銅匭後，告密者越來越多，武曌遂任用索元禮、周興及來俊臣等酷吏來刑訊治獄。這些人性情殘忍，善於羅織罪名，陷害無辜。這些酷吏使用的酷刑名目繁多，被捕的人一看刑具，就願承認任何罪名，以求免於刑罰的折磨。朝野上下，人人自危。

當時相繼誅殺唐宗室數百人，文武大臣及地方將吏皆有被殺者。這些酷吏雖然消滅了武曌的一些政敵，但也濫殺了很多無辜之人，使不少文臣武將蒙受不白之冤。

到武周政權正式建立以後，御史周矩於690年上疏反映酷吏問題，之後不久，很多酷吏被懲辦，鬥爭趨向緩和。武曌興酷吏雖然對武周政權的鞏固起過一些作用，但是，也使統治集團內部矛盾激化，必然影響國家的治理和生產的發展，產生了非常嚴重的後果。

武曌為了維護自己的統治，大力籠絡人才，允許自薦做官，曾先後錄用大批官吏，在這一過程中，也有很多濫竽充數者混入。武曌放手選官使得官僚集團急遽增大，官僚機構膨脹，而這些官吏兼並土地、貪得無厭，拼命搜刮民脂民膏。

因此，武曌統治時期，封建國家的兵役徭役和地主的剝削都比過去重，階級矛盾十分尖銳。

武曌稱帝後，為了鞏固自己的權利，神化自己的形象，大肆崇佛，建造佛寺佛像，度人為僧尼。為了修建廟宇，不惜役使成千上萬的民工採伐巨木，構築「明堂」。武曌還建「天樞」，塑大佛，鑄九鼎，僅九鼎用銅就達二十五萬公斤，「府藏為之耗

竭」，浪費了大量的人力物力。武曌晚年好大喜功，生活奢靡，耗費大量財資和勞力。武曌的男寵張昌宗、張易之兄弟，仗勢欺人，作威作福。

而且，武曌成為「天后」以後，即她掌握真正的國家大權以來，唐朝對外勢力也開始有萎縮跡象。公元670年，唐軍敗於吐蕃，安西四鎮一並丟失；670年和676年，安東都護府兩次從平壤撤至遼東及新城。677年，高句麗舊地的漢官基本撤回。674年，新羅日益坐大，唐朝已經力不能及。678年，吐蕃日強，唐朝只能以「無好將」的藉口不敢出兵。696年，契丹松漠都督李盡忠又叛，武周出兵，整支軍隊竟全軍覆沒。而後，突厥的默啜又借勢力而起，弄得武周王朝焦頭爛額。

武曌晚年深為嗣君之選而憂慮，她雖然重用武氏宗室武承嗣、武三思、武攸緒及武攸寧等人，並大封武氏家人為王。但想到死後能入李家宗廟得享子孫的祭祀，便接受臣下建議，於公元698年迎還廬陵王李顯，復立為太子。

公元705年，武曌正在病中，宰相張柬之、桓彥範、崔玄暐、敬暉等人聯合右羽林大將軍李多祚，發動了宮廷政變。誅殺了二張，逼武曌退位，迎李顯復位，從而宣告了「大周」統治的結束。武曌於同年十一月去世，享年82歲。遺詔「去帝號，稱則天大聖皇后」，李顯上尊號為則天大聖帝。

如此殘暴無情的婦人，當時和後世亦有不少辯護者，認為武曌時代是「僭於上而治於下」，其人仍是「傑出女政治家」，並以戶口增長為例，唐高宗永徽年間只有380萬戶，武曌死時，唐朝增至620萬戶。其實，這些發展皆是高祖、太宗治下，特別貞觀之治後的發展慣性使然，如果沒有武曌的佞佛與驕侈淫逸，唐朝本來應該會更興旺才是。

武則天出身眾說紛紜

提起武則天的出身,我們首先會面臨一個籍屬問題。我們中國人填履歷表,往往要填寫籍貫。對於武則天來說,這個問題自然也避免不了。根據名人效應的原則,一個人只要出了名,願意攀附他做老鄉的人就多了,而他的故鄉也就在眾說紛紜中變得曖昧不明起來,甚至成為各地方爭奪文化資源的一個聚焦點。

武則天,作為中國歷史上獨一無二的女皇帝,自然更有攀附的價值了。所以關於她的故鄉,就出現了三種不同的說法。

哪三種呢?第一是并州,也就是在今天的山西;第二是長安,也就是今天的陝西西安;第三是利州,在今天的四川。

這三個地方都留下了與武則天相關的遺跡和各種離奇的傳說。利州那兒有一個龍潭,傳說武則天的母親曾經在那兒遊玩,忽然水中躍出一條金龍,圍著她就盤旋而上,嬉戲交歡,武則天的母親就懷孕了,生下了武則天。

這樣一個故事用我們現代話來說叫做「人獸情未了」,但是,按照古代的說法,可就叫做「神靈感孕」了。它傳達給人們的信息就是,武則天的出身太神奇了,她的父親不是一介凡人,而是龍,她是一個龍種,所以後來才能成為真龍天子。

這個傳說後來還被晚唐大詩人李商隱寫進了《利州江潭作》一詩裡。在詩題後面,他自己注明利州是「感孕金輪所」,「金輪聖王」為武則天當皇帝時臣子們給她上的尊號,「感孕金輪

所」就是說武則天是在利州由母親感孕而生的。可見，武則天生於利州的說法流布之廣。既然偉人們需要神道設教，所以類似的故事在中國古代比比皆是。

根據《史記》的記載，上古三代時商王朝的創始人商湯就是「感孕而生」的。有了這個先例，以後凡是偉人名家的出生，都會有些光怪陸離的感應神話。

武則天的降生傳說也是如此，可是傳說固然有其荒唐性，不足採信，但也都有它真實的一面，這樣的傳說之所以在上述幾個地方流傳，關鍵是這三個地方都和武則天有關聯。其中並州是她的祖籍，長安是出生地，而利州則是她度過童年時代的地方。

中國人一貫重視祖籍，那麼我們就應該說武則天是並州文水人，也就是現在的山西省文水縣人。文水在現代還出了一個女英雄劉胡蘭，所以說這可是一個人傑地靈的地方啊。

當時，文水武氏還是個當地小姓。何謂小姓呢？就是介於世家大族和平頭百姓之間的門戶。祖上做過幾任官，但是官不大，有一定的社會聲望，可是也不會太高。武則天就出生在這樣一戶人家。她的父親叫武士彠，家中兄弟四個，他排行第四，三個哥哥都是老實巴交的農民。武士彠是一個有野心的人，他可不想一輩子當個土財主。他想發財，想換一種生活方式。什麼生活呢？

據《太平廣記》記載，武士彠經商去了，做了木材商人。武士彠年輕的時候，正趕上隋煬帝統治時期。隋煬帝是位雄才大略的皇帝，但有個毛病，就是好大喜功，喜歡大搞基本建設，到處修建離宮別館。特別是他修建東都洛陽，對建築木材的需求量特別大。武士彠是個精明人，他看準了這個商機，開始做起長途販運木材的生意，藉此發家，一夜暴富。

但是中國古代是個身分制社會，老百姓根據所從事的行業被

分成四個等級。第一等是士，就是知識分子，這是最高級的，因為有可能做官。第二等是農，因為我們是一個農業國家，以農為本，所以農民比較受重視。第三等是工，就是手工業者，靠手藝吃飯的人。第四等也是最末一等，那才是商，靠流通來賺錢，自己不生產任何東西，當時人們認為這叫投機取巧，對商人曾經有過很多歧視性的政策。

舉一個極端的例子，魏晉南北朝的時候，對商人特別歧視，商人出門不能騎馬，不能坐車，甚至穿鞋時兩隻鞋都不能一個顏色。比方說你左腳穿個白鞋，那右腳就得穿個黑鞋，讓人們老遠一看就知道，這個人是個商人，是個下等人。這就叫只富不貴，雖然有錢，可是社會地位並不高。

武士彠是個有理想的人，他不願意這樣一輩子老遭人鄙視，他不滿足僅僅當個富翁，他還要改變自己的身分，把自己的女兒送到宮裡無疑是最好的捷徑。

武則天選「男妃」之祕聞

著名的女皇帝、唐高宗李治的皇后武則天，是中國後宮女人中最浪漫的一位。作為唐太宗李世民的妃子，武則天通過「出家」改變身分，再下嫁「兒子」李治，本來就是一樁錯亂的愛。在當了皇帝後，武則天男寵多多，薛懷義（馮小寶）、張易之、張昌宗、沈南蓼，這些精力過人的美男、猛男，先後上了這位女皇帝的香榻。

武則天到底消費過多少「男色」，史書上並無確切記載，這種事情是不能上典章的，但她以國家權力，讓男色消費合法化，卻是真實的，開創了皇家先例，建立了中國古代第一個也是唯一一個「男後宮體系」。換句話說，武則天是中國古代第一個合法消費男色的女人。

男皇帝的後宮佳麗三千，女皇的閨中密男也不會少。除了薛懷義這樣專職的供其享受的男妃外，還有「兼職」的朝臣、近侍，如柳良賓、侯祥雲等，也都曾是武則天的面首。

據說，有不少處男因在床上表現欠佳，不能讓女皇帝滿意、滿足，都讓武則天處死，神祕「消失」了，以至於有了武則天「洎乎晚節，穢亂春宮」的史界定論。

武則天消費男色的手段與男皇選妃子一樣──「採選」，派專人給她物色可意男人。《舊唐書‧張行成傳》（卷七十八）中透露了這個祕密，「天后令選美少年為左右奉宸供奉」，但此舉

遭意識傳統的朝臣諫反。

其中有這麼兩位「女選官」表現出色，其一是太平公主。太平公主可不是別人，乃武則天的親生女兒。薛懷義、張易之、張昌宗等就是太平公主自己先「試用」，感覺滿意之後，才送給母親的，合演了一出中國歷史上「母女共夫」的風流。

另一著名的「女選官」是上官婉兒。上官婉兒時為宮中女官，後成為中宗李顯的宮妃，受封「婕妤」。李顯是武則天的兒子，上官婉兒就是武則天的兒媳婦了。兒媳婦給婆婆物色面首，可稱古今女人男色消費現象中的又一奇絕艷聞。

除了「選拔」外，武則天的男寵還有「推薦上崗」。

推薦有自薦和他薦兩種方式，在武則天的男色消費過程中，兩種方式的「薦」都存在，說白了都是「拉皮條」。如男寵之一侯祥雲，便是自薦上了武則天的床，《舊唐書·張昌宗傳》（卷七十八）記載，「左監門衛長史侯祥雲陽道壯偉，過於薛懷義，專欲自進堪奉宸內供奉」。

另外，還有父親推薦兒子的，這是「他薦」的一種。如《舊唐書》卷八十二載柳良賓便是他父親推薦的，「尚舍奉御柳模自言子良賓潔白，美鬚眉」，此無異於「拉皮條」。

一生中最有才的情人祕事

絕對的權力造就絕對的享受，作為全天下最大的官，皇帝從來都是最貪婪的享受者。他們不僅擁有世間最好的財物，同時也擁有世間最極品的後宮。作為中國歷史上空前絕後的女皇武則天自然也不例外，她對男人的享受幾乎到了登峰造極的地步。她在這方面的一大傑作就是設立了一個頗似「後宮」的控鶴府，裡面任職的官員大多是女皇的男寵及輕薄文人，為武則天集聚男寵，以娛晚年的宮制之一。這一府內的官員，除了曲宴供奉之外，另一重要職能是向女皇提供「男性溫存」。在「天后令選美少年為左右供奉」中有名的就有柳良賓、侯祥雲、僧惠範、薛懷義、沈南蓼以及後期的張易之、張昌宗等多人。由此可見，武則天擁有比歷史上眾多的男性皇帝毫不遜色的後宮大軍。

女皇的情人雖多，但真正才貌雙全的卻少之又少。武則天身邊最有才的情人就是赫赫有名的五郎張易之。細說起來，此人的頭銜有詩人、美食家、醫藥學家、美容專家以及孝子。正是一大把的頭銜讓他和弟弟張昌宗長期受寵，直到武則天被迫退位。

下面是他的幾首詩詞，至於質量，能從一千多年前一直流傳到今天，足以說明一切。

泛舟侍宴應制

平明出御溝，解纜坐回舟。

綠水澄明月，紅羅結綺樓。
弦歌爭浦入，冠蓋逐川流。
白魚臣作伴，相對舞王舟。

橫吹曲辭·出塞

俠客重恩光，驄馬飾金裝。
瞥聞傳羽檄，馳突救邊荒。
轉戰磨笄地，橫行戴鬥鄉。
將軍佔太白，小婦怨流黃。
驟裏青絲騎，娉婷紅粉妝。
一春鶯度曲，八月雁成行。
誰堪坐秋思，羅袖拂空床。

侍從過公主南宅侍宴探得風字應制

逐賞平陽第，鳴笳上苑東。
鳥吟千戶竹，蝶舞百花叢。
時攀小山桂，共挹大王風。
坐客無勞起，秦簫曲未終。

張易之是唐代定州義豐（今河北安國）人，貌美白皙，兼善音律歌詞。初以門蔭遷為尚乘奉御。他能夠受寵，全賴他的弟弟張昌宗大力推薦。張昌宗最初是太平公主所發現，太平當時喜不自勝，獻於武后。武后發現女兒所說關於張昌宗的話絲毫不錯。當夜封張昌宗為飛旗將軍。這時張昌宗向武后透露他有一個大哥，善製春藥，服之使人返老還童，對床上功夫造詣極深。武后把張易之招來，試之，覺得張昌宗所說確實句句實言。到後來，

張易之被封為「恆國公」，在王宮裡號稱五郎；張宗昌被封為「鄴國公」，在王宮裡號稱六郎。

張易之在滿足武則天的基本慾望的同時，也充分發揮了「醫藥學家」和「美容專家」的特長。他最擅長的技能之一就是煉製春藥，武則天經過長期服用，不僅皮膚恢復彈性，許多白髮變回黑色，而且在69歲時，又生了一顆智齒。在76歲時，也許是張易之真的回春有術，武后脫落已久的兩眉又重新生出。

張易之與他兄弟張昌宗、張昌儀三人還都是「美食家」。兄弟都是虐食的熱中者。兄弟倆互相比賽，看誰在虐食上更有創意。張易之的發明是在鐵籠內放置多隻鵝鴨，鐵籠周圍燒上一盆盆火炭，鐵籠內一個銅盆煮著滾開的五香調料汁，鵝鴨受不了炭火的煎熬，就在鐵籠裡亂竄，渴了就喝滾燙的五味汁。就這樣，外面火烤，裡面汁燙，不用多長時間，整隻鵝鴨就被烤熟，羽毛脫盡，熱騰騰，香噴噴，端上桌來，大家群起食之。張昌宗則把鵝鴨換成小驢：他將驢子拴在小屋裡，銅盆內盛滿滾燙的調料汁，小驢外烤內燙，直至活驢內外烤熟，這時，食客拿個碟子，愛食哪個部位，就自己動手割而食之。有一天，張昌宗來看望哥哥，說起馬腸好吃，張易之隨即從馬廄牽過一匹馬來，用快刀在馬肚上切開口子，伸手入馬肚掏出馬腸割下煎炒而食，那馬疼得大嚎，過了好長時間才死，哥倆卻直說馬腸果然好吃。

張易之幹練精悍，才貌雙全，弟弟張昌宗生得迷人。武后同時擁有兩人。武后現在有青春，有美貌，有快樂，所以她始終不肯讓張氏兄弟離開她眼前，因為沒有兩張武則天是活不下去的。可惜，這麼有才的情人，卻因為恃寵逞威，後來到了神龍元年（705年）武則天病重，大臣崔玄、張柬之等起羽林兵迎中宗李顯復位，他們兩兄弟都被殺死在「迎仙院」了。

武則天為何推崇佛教

　　武曌一生推崇佛教，與佛結下了不解之緣。感業寺中的女尼，在佛光普照下，攀上了中國封建帝國政治的巔峰，成為一代女皇！李世民、李治父子敬重佛法，但同時更推崇道教。到了武曌時期，對佛教的敬重是登峰造極，而對道教卻十分冷淡，其中的原因，為後世留下了一個難解的謎。

　　史載武曌14歲入宮，被立為唐太宗的才人。李世民去世後，根據祖宗規制，所有未生育過子女但受過寵幸的宮人全要到感業寺出家修行。於是，武曌被削髮為尼，遁入空門。之後，武曌卻奇蹟般地從這裡走出，爬上了中國政治地位的制高點。

　　相傳，這一入一出是經過一番預謀的，通過入寺為尼，小別皇宮，暫離塵世，換一種身分再投入李世民之子李治的懷抱，以此來減少朝野非議。

　　那麼，武曌又為何對佛教「情有獨鍾」呢？據國學大師陳寅恪考證，武曌崇佛的原因之一是受到其母親家族世代的佛教信仰的薰陶。

　　後來，僧徒就借武則天家庭傳統之信仰，以恢復其自李唐開國以來所喪失的權勢，而武曌也借佛教經典之教義，以證明其政治上所享有之特殊地位。兩者互惠互利，彼此利用，相得益彰。這是陳寅恪認為武曌崇佛的另外一個原因。

　　武則天以女兒身執掌國政，登上帝位，實乃中國政治史上前

所未有之創舉。

然而這也被中國傳統的儒家經典斥為「牝雞司晨」。雌代雄鳴則家盡，婦奪夫政則國亡。武曌從強調綱常倫理的儒家得不到支持，不得不另闢蹊徑，終於得以假托佛教女主為王的符讖，證明其特殊地位之合理。

佛教的原始教義中本來也輕賤女兒身，但後來有所改變，到大乘佛教急進派之經典中便有以女身成佛的教義。《大雲經》中說，武曌是彌勒佛下生，「當代唐為閻浮提主」。佛教稱人世間為閻浮提，閻浮提主即是人世之主，是說武曌當取代李唐統治天下。

該經中還大講所謂的「淨光天女」，說佛祖預言這位「天女」要以「女身」成為統治天下的帝王，而且她將來還要成佛，以此暗示武曌當上女皇是順應了佛的旨意。這也難怪武曌一定要將它頒行於天下了。

這些在武周開國之初，確實起到了對民眾宣傳和證明她取得皇位的合理性的政治作用。但有人認為《大雲經》是薛懷義等人偽造，但也有不同觀點認為《大雲經》實出於天竺，並非武曌授意僧人隨意偽造，她只是取前代舊譯之原本，曲譯比附而成新疏，這比另造新經可謂是事半功倍。這樣說來，武曌崇佛是兼有了信仰與利用之心。

也有人從心理角度分析了武曌崇佛的心態，認為她得勢之前把佛教作為精神依託的對象。後來逐漸得勢，在政治鬥爭中武曌借佛威以壯帝威，此時受現實所迫，她對佛教的利用更多於信仰的本身。

另外，有人從佛、道關係上分析，認為武曌一改李唐原來先道後佛的政策，舉佛抑道，以此作為對付和打擊李唐世系的工

具，為自己奪取和鞏固皇權製造輿論。

不過，也有人認為武曌固然崇佛，然亦篤信道教，優禮道士，從其提倡讀《道德經》，大寫《一切道經》中可以得到證明。武曌登基所利用的符讖，並不是專門依照了佛教，內中也有許多道教的成分。

武則天以極大的熱情結交、厚待僧人，建寺造像，廣積「功德」，以至「傾四海之財，殫萬人之力，窮山之木以為塔，極治之金以為像」，真可謂是到了不惜傾國蕩產的地步。

這位中國歷史上唯一的女皇，一生與佛相伴，佛光撒滿了武曌奪位和強化統治的鬥爭歷程中。至於武曌到底為何與佛結下這深厚的不解之緣，就如同她死後留下的無字碑一樣，只能留待後人評說了！

殺女奪后之謎

當時，王皇后正面臨前所未有的威脅，淑妃蕭氏頗承恩寵，王氏受到冷落，心中漸生不平，兩人之間有了恩怨，矛盾衝突愈演愈烈。正在后妃相爭之際，李治去感業寺探望武則天的消息傳到王皇后的耳中。王皇后並不是一個善於計謀的人，但情急生智，想出一個主意。王皇后勸李治把武則天接回宮中，企圖借武氏之力，遏制蕭淑妃的逼人勢頭。這一建議，正中李治的下懷。於是，李治命宮人迎武則天再次入宮。

這次再入宮時，武則天已經28歲了，一般來說，這個年齡的女子基本上是半老徐娘，不比十幾歲嬌艷的女子了，但武則天的心計不是一般人所能比的，她的美貌也許確實出眾，還有高宗對她的感情做基礎，久別重逢，更能抓住高宗的心。

王皇后沒有想到自己在引狼入室。入宮後，武則天很感激王皇后的照顧。她對王皇后非常尊敬，侍奉得也很周到，這使高宗也很高興。皇帝和皇后都高興了，武則天的嬪妃地位也就升到了昭儀，還生了一個粉雕玉琢的小公主。這是正二品的級別，超過了其他八個嬪妃，是九嬪之首，在她的上面，只有皇后和四個妃子了。

武則天進宮之後，前後為高宗生了四男二女，而高宗總共才有十二個子女。後邊的六個都是武則天生的，可見武則天的受寵程度是其他嬪妃無法相比的，這連主張讓他進宮的王皇后也沒有

料到，結果自己也遭到滅頂之災。

　　武則天的性格決定了她不甘於居人之下，她的目標是皇后。等她的地位穩固之後，便開始有心計地活動了。她在後宮裡想方設法籠絡太監、宮女，特別是和皇后、蕭淑妃關係不好的人，她總要設法接近拉攏，給予一些小恩小惠，讓她們注意監視皇后和淑妃的行動。第一步，武則天聯合王皇后打擊蕭淑妃，等高宗把蕭淑妃廢成庶人後，武則天便開始對皇后下了手。

　　武則天生下的第二胎是個女孩兒，非常可愛，王皇后也很喜歡，經常去看望，等高宗快來的時候便知趣地先走了。武則天為了皇后之位，利用這種機會對親生兒下了毒手。

　　655年的一天，在王皇后看過小公主後，公主就離奇暴斃，所有的證據都直指王皇后。最後李治以「請道士作法詛咒武媚」的罪名，將王皇后廢為庶人，並加囚禁，她們的父母、兄弟等也被削爵免官，流放嶺南。七天以後，唐高宗再次下詔，將武則天立為皇后。

　　與此同時，又將極力反對她做皇后的宰相褚遂良貶為譚州即現在湖南長沙任都督。武則天在犧牲一個女兒後，成功地坐上了皇后的寶座。武則天對王皇后、蕭淑妃也沒有放過，後來將兩人各責打了一百杖，然後殘忍地砍去雙腳，泡在酒甕裡活活折磨死。其報復心和殘忍性可見一斑。

　　成為皇后的武則天自然不會甘於後宮，他要對那些阻礙自己向權力靠近的人施加報復，先要清除仍有威脅的長孫無忌。她指使許敬宗等人，捏造罪名製造朋黨案，然後將長孫無忌牽連進去，把他流放外地，後來許敬宗又逼長孫無忌自盡。長孫無忌集團其他的人也被清除，或殺或流放。武則天終於將最大的對手解決了。

長孫無忌死後，武則天來了場「大換血」，將于志寧、韓瑗、來濟等人削職免官，貶出京師。至此，反對武則天的大臣都被或貶或殺，一個不剩；然後將自己人安插進來，由此一來，武則天在朝中的實力大增。

　　武則天念念不忘自己的出身貧寒，為了提高威望，為以後秉政做準備，她主持將《姓氏錄》進行了修改，提高自己武姓的地位。原來在唐太宗時期，曾經修訂過《姓氏錄》，是太宗命高士廉按照官位高低來制訂的。但受魏晉以來重視門第風氣的影響，在裡面也列了很多官職很低的人的姓氏，而且將武姓排除在外。這讓武則天一直耿耿於懷。等把長孫無忌驅逐出京城之後，僅僅兩個月，許敬宗便馬上請示修訂新的《姓氏錄》。修成之後的《姓氏錄》將武姓列為第一等，其他的則按照官職品位的高低順序來排列。

　　高宗因為不滿意武則天的專斷，就和宰相上官儀商量廢掉武則天的皇后之名，上官儀答應起草詔書。武則天的耳目得知後趕忙報告，武則天趕到後，軟硬兼施，說得高宗變了主意，還把責任全推到了上官儀的身上，可憐的上官儀糊裡糊塗做了昏庸皇帝的替罪羊。武則天於是讓許敬宗捏造上官儀和已經被廢的太子李忠圖謀反叛，將上官儀父子處死。高宗的軟弱性也是武則天一步步登上女皇寶座的客觀原因。

　　從此之後，李治再也沒有動過廢后的念頭，反而把自己的權力都交給了武則天。武則天真正掌握了全部大權，李治每次上朝理事時，龍座後都加上了一道簾子，武則天隱身其後了。在皇帝活著的時候，皇后就參與朝政之事歷史上曾經發生過，而公然走上朝堂，則是從武則天開始。帝後共同臨朝聽政，這曠古未有的場面轟動了天下，從此，「二聖臨朝」的時代開始。

殺子奪權之謎

作為母親，武則天的心比一般的人要狠多了，為了自己的權勢和皇位，對親生兒子都不肯放過。武則天親生的兒子一共是四個，長子李弘，次子李賢，老三是李顯（又叫李哲），老四是李旦（又叫李輪）。第一個有機會繼承皇位的是長子，在公元656年，太子李忠被廢黜後，武則天的長子李弘被立為皇太子。

李弘為人寬厚仁德，謙虛謹慎，對士大夫以禮相待，高宗和眾大臣對他都很滿意，在參與朝政的過程中顯示出政治才幹。隨著身體的每況愈下，高宗便想把帝位傳給李弘。

但武則天卻不願意讓兒子來奪走自己已經習慣的政治權力，而且兒子一旦即位，自己的權力夢特別是女皇夢肯定就要破滅了。況且，隨著年齡的增長，李弘和武則天的政治分歧越來越大。一開始，武則天選擇了一種最強勢的手段打壓李弘，希望通過警示讓兒子知難而退。可惜她錯了，李弘畢竟是她的兒子，血管裡流淌著和武則天一樣好強的鮮血。於是，李弘上疏要求為蕭淑妃的女兒義陽、宣城二位公主挑選駙馬，這兩位公主都因為蕭淑妃的緣故年過二十還待嫁閨中。李弘的上疏讓人會想起當年的宮廷血案，武則天失德的話題再次成為關注的焦點，這可是射向武則天的一隻冷箭，弓箭手偏偏是自己的親生兒子。於是武則天終於被徹底激怒了，在權力和親情之間狠心地選擇了前者，上元二年（675年），武則天用毒藥將年僅24歲的兒子李弘毒死。

李弘死後，高宗由於精神受到刺激，加上原來的頭疼毛病，覺得身體狀況不允許他再操勞國家大事了，就想把皇位讓給武則天。但是，由於大臣們極力反對，武則天沒能如願，但這對於武則天卻是個極大的刺激與鼓勵。

　　在哥哥李弘死後一個月，次子李賢被立為太子，他和哥哥李弘一樣，也很聰明。在高宗讓他處理政務過程中也顯示出過人的能力，加上宰相們的輔佐，武則天又感到了李賢對她的強大威脅。所以，武則天指使人誣告太子貪戀女色，想早日奪取皇位，公元680年的八月，李賢被武則天從太子的寶座上拉了下來，貶為庶人，後來又被迫遷到巴州。從此這個兒子就從武則天的生命中消失了，李賢再也沒能回到長安，多年後客死他鄉。

　　在李賢被廢掉太子的第二天，三兒子李顯被立為太子。公元683年，高宗病死，立下遺囑讓太子即位，但國家大事還要聽從武則天的意見，這成了武則天日後專權乃至成為女皇的很重要的一個關鍵。

　　李顯即位後就是唐中宗，他尊母親武則天為皇太后，李顯比他的哥哥要軟弱很多，所以他的即位在開始的時候才被母親所接受。但中宗也沒有將寶座坐熱，就被母親趕了下去，當時即位還不到兩個月。中宗即位後，就沒有把母親放在眼裡，低估了母親的力量。他想讓岳父韋玄貞做宰相，但是父親高宗臨死時立的顧命宰相裴炎不同意，中宗便不可一世地說：「我就是把天下都給了他，又能怎麼樣？」裴炎便報告了武則天，武則天立刻召集大臣們到了乾元殿，將中宗廢為廬陵王，幽禁在深宮之中。幽禁中宗後，武則天把最後一個兒子李旦推上了皇位，這就是唐朝的睿宗。

　　武則天雖然讓小兒子繼承了皇位，但不許他處理朝政，一切大事都由自己來決定，逐漸地，武則天就產生了做女皇的想法。

為此，武則天積極地為自己創造當皇帝的條件，首先將東都洛陽改為神都，準備將來做都城用。她還把唐朝文武百官的名稱進行了變動：尚書省改成文昌台，左右僕射改為左右丞相，門下省改為鸞台，侍中改為納言，中書省改為鳳閣，這明顯是體現了女性的特徵，所以原來的宰相名稱「同中書門下平章事」也改成了「同鳳閣鸞台三品」。同時大赦天下，下《求賢制》，太后自稱「朕」，詞標文苑科考生在對策答卷裡稱她為「聖母皇帝陛下」。

畢竟紙包不住火，武則天的這些為以後做女皇的準備活動，被一些大臣識破，遭到了他們的激烈反對。在公元684年的九月，原來被武則天貶出京城的徐敬業開始起兵反抗。

徐敬業在揚州起兵，十多天便召集了10萬兵馬，著名詩人、初唐四傑之一的駱賓王專門寫了《討武氏檄》：「班聲動而北風起，劍氣衝而南斗平。喑嗚則山嶽崩頹，叱吒則風雲變色。以此制敵，何敵不摧，以此圖功，何功不克。……請看今日之域中，竟是誰家之天下！」慷慨激昂，氣吞山河。

武則天讀至「一抔之土未乾，六尺之孤何托」，問道：「這是誰寫的？」有人回答說是駱賓王所做，武則天並沒有生氣，而是感嘆曰：「這樣的人得不到重用，是宰相的過失啊！」可見，武則天在用人上還是有些氣量的，也很愛惜人才。

武則天連忙調動了30萬兵馬迎戰，讓李孝逸領兵平叛。徐敬業不久便連遭失敗，他和駱賓王先後被部將殺死，只用40天的時間，徐敬業的叛亂便被平定了，武則天終於度過了這次大的政治危機。

在平定徐敬業的叛亂之後，武則天又對宰相班子進行了調整，因為原來的宰相裴炎在這次危機中不但不幫助武則天對付徐敬業，還以此要求武則天還政睿宗，結果被武則天處死。

第一篇 破譯盛唐君主的風雲人生

然後，武則天將其他幾個宰相罷免，補韋方質、武承嗣、韋思謙為宰相。以後的兩年內，武則天又對宰相班子進行了頻繁的調整，將自己武姓外戚安插進入朝廷來並擔任要職。

為了給做女皇鋪路，武則天在輿論方面利用迷信等手段來為自己樹立威信。比如他的侄子武承嗣派人送一塊刻著「聖母臨人，永昌帝業」的白石頭，謊稱是來自於洛水。武則天很高興，還改了年號「永昌」。後來武則天總共改過十八次年號，有時一年就改三次之多。武則天還接受了睿宗和群臣上的尊號「聖母神皇」，這在歷史上沒有先例，原來的皇帝只有在死後才有，武則天打破了這個慣例。

李氏皇族的反抗一直都沒有停止過，688年八月，唐太宗兒子豫州刺史越王李貞、李貞之子博州刺史琅琊王李冲起兵反對武氏掌權，很快兵敗被殺。武則天以李元嘉、李靈夔等一批李唐諸王，與越王李貞父子通謀，將他們全部殺掉。

武則天也加緊了迫害李氏皇族的步伐，690年七月，酷吏周興，羅織唐高宗李治之子隋州刺史澤王李上金、舒州刺史許王李素節（蕭淑妃之子）謀反罪名。武則天震怒，急召李素節和澤王李上金入京面聖。連京城都未入，李素節就被武則天派人在龍門驛用帶子勒死，並殺其九子。澤王李上金與許王一同被徵召入朝，聽見四弟被殺，惶恐之下，也自縊而死，他七個兒子也被武后於流放途中弄死。所有這些龍子龍孫，皆是高宗皇帝的直系骨血。至此唐高宗李治的八個兒子，有五個被武則天殺死，當然其中也包括她的兩個親生兒子。八月，又殺南安王李穎等李氏宗室12人。「唐之宗室於是殆盡矣，其幼弱存者亦流嶺南，又誅其親黨數百家。」武則天大殺李唐宗室和不附己的文武大臣後，再沒有人對她的權勢提出過挑戰。

揭祕武則天的「無字碑」

公元693年,武則天在萬象神宮即明堂裡舉行了祭典大禮,這次武則天出乎意料地讓姪子武承嗣為亞獻,武三思為終獻,而正式的皇儲李旦卻被冷落到了一邊,非常尷尬。武則天的行動無疑是對姪子們的公開鼓勵。

但是,武則天的意願遭到了宰相狄仁傑等人的激烈反對,這讓武則天矛盾至極。如果把姪子立為皇儲,雖然可以保住大周政權,但以後的即位人絕對不會把她供奉到祖廟裡去的,因為她是武氏家族出嫁的女人,這在封建社會等於是外人了。如果立自己的兒子做皇儲,將來繼承皇位,她可以順理成章地保住皇后的正統地位,和丈夫高宗一起享受兒孫們時代的供奉。但是,這樣又要回到她已經打破的舊傳統中去。

武則天的矛盾最後還是讓聰明的狄仁傑給解開了。這天,已經74歲的武則天對狄仁傑說:「朕昨天晚上做了一個奇怪的夢,夢見一隻大鸚鵡的兩個翅膀折斷了。愛卿看是什麼徵兆啊?」

狄仁傑抓住這個絕佳的時機對武則天說:「陛下姓武,那鸚鵡便是陛下了。兩個翅膀就是陛下的兩個兒子,如果陛下再次起用兩位愛子,兩個翅膀就會重新好起來的。」

同時,宰相吉頊也在努力。他對武則天當時的男寵張易之和張昌宗倆兄弟說,你們倆因為受武則天的寵愛,蔑視群臣,被眾大臣們嫉恨,如果要保住性命,現在只有為立儲君出力,日後還

能夠將功贖罪。你們要利用自己接近武則天的有利條件，勸說她立廬陵王李顯為太子。張氏兄弟聽了吉頊的話，對武則天立李顯為太子起了關鍵作用。

到公元698年，武則天將李顯祕密接回了京城洛陽，當時的太子李旦聰明地請求退出，讓母親立哥哥為太子。這讓武承嗣大失所望極為氣惱，因為他的繼承權完全被剝奪了，不久武承嗣便氣悶而死。

為了避免在自己死後侄子和兒子們相互殘殺，武則天還處心積慮地把太子李顯、相王李旦、太平公主、武姓的侄子們召集到了明堂，然後祭告天地，立下了鐵券，把鐵券收藏在史館，以為佐證。從此以後，到武則天去世為止，終於有了較長的一段安定的日子。

公元704年年末，武則天病倒在床上，幾個月也不召見宰相，只有張氏兄弟倆侍奉左右，左右朝政大事，這使大臣們六神無主。宰相張柬之經過周密部署，在705年的正月裡發動了兵變，把張氏兄弟殺死，迫使病中的武則天讓位，由中宗復位，重建唐朝。

正月二十五這天，武則天不情願地離開了她做了15年女皇的宮殿，搬到了洛陽宮城西南的上陽宮。中宗給

武則天無字碑

她上了尊號「則天大聖皇帝」，但沒有了帝位的武則天心情很壞，精神的支柱沒有了，本來就年老的身體很快垮了下來。

705年的冬月初二，82虛歲的武則天死於上陽宮的仙居殿。臨終時她異常清醒，立下了遺囑，包括去掉帝號，稱則天大聖皇后。只許為她立碑，不許立傳，這就是武則天無字碑的來歷。還有赦免王皇后、蕭淑妃以及褚遂良等人的家屬。其他被酷吏迫害的人早在她被迫下台前已經赦免。706年的正月，武則天的靈柩運回了長安，和高宗合葬在乾陵。

武則天死後，她的諡號變過幾次，但兒孫們的尊敬態度沒有變。睿宗第二次即位後，改稱為「天后」，後來又先後改為「大聖天后」，尊為「天后皇帝」，改為「聖后」。唐玄宗即位後，改為「則天皇后」，比較客觀。到了749年，最後把武則天的諡號定為「則天順聖皇后」。

唐玄宗李隆基

不愛江山愛美人

　　李隆基是李旦的第三子，母親竇氏。因李隆基的諡號為「至道大聖大明孝皇帝」，又稱唐明皇。唐睿宗延和元年（712年）八月，李隆基即皇帝位，李旦為太上皇，主大事。李隆基改元為先天元年。

　　經過李隆基和他的大臣的努力，唐朝在開元年間治理較好，被譽為開元之治，亦被稱為「開元盛世」。積貞觀至開元百餘年發展之大成，唐玄宗天寶年間唐朝出現了空前的繁榮昌盛局面，被贊賞為「天寶盛世」，亦有將開元、天寶合稱「開天盛世」。唐玄宗開元天寶年間，唐朝經濟繁榮、文化昌盛、社會安定、國力強大。

　　李隆基做了45年皇帝，是唐代在位時間最長的皇帝。李隆基統治初期銳意改革，任用賢臣，勵精圖治，使唐朝生產發展、經濟繁榮、國力強盛、社會安定、文化昌盛，進入鼎盛時期；後期，驕惰怠政、寵信佞臣、縱情聲色、奢侈揮霍，終至矛盾激化，爆發了安史叛亂，使唐朝由盛轉衰。李隆基由明變暗，由治至亂的變化，給人啟示尤深。

　　唐肅宗上元三年（762年）四月初五，鬱鬱寡歡的李隆基在神龍殿去世，終年78歲。廟號「玄宗」。葬於金粟山，名泰陵。

揭祕李隆基為何討韋后

李顯暴病身亡,韋后以皇太后的身分聽政。實際上,朝中大權全都掌握在她手中。韋后如此禍亂朝綱,很快引起了李氏宗族的不滿。這其中有一個文武全才、膽識過人的皇氏宗親挺身而出,他就是李旦的三兒子臨淄王李隆基。

李隆基20歲以前生活在武則天掌權的時代。可以說,他與父親以及眾多的李氏宗親均處於一種逆境之中。但與父親李旦以及眾位叔伯不同的是,他不甘心做一個弱者,而是在父親李旦的嚴格教育下,勤讀詩書、騎馬習射,立志要在逆境中崛起,重振李氏皇威。

李顯突然暴亡,李隆基立即意識到其中定有見不得人的勾當。他對韋氏淫亂後宮之事也早有耳聞,特別是見她與驕縱的安樂公主攪在一起,便意識到自己和父親的處境都很危險,韋后遲早要對他們下毒手,因此早已做好了心理準備,暗中積極籌劃。御林軍武官葛福順、陳玄禮兩人與李隆基私交很好。

一天,兩人對李隆基說起御林軍統領韋播(韋后之弟)經常毆打御林軍將士之事,同時表現出強烈的不滿。李隆基認為機會來了,便與兩人密謀殺死韋播,整頓朝綱。兩人早有此意,正苦於無一個合適的人領頭起兵,一聽李隆基此言,立即答應下來。

李隆基知道光憑他們三人的力量是不足以成就大計的,於是又聯合了劉幽求、鍾紹京等人,準備積極發動一場大的宮廷政

變。在此期間，有人曾主張此次起事可以讓在當時還頗有影響的被武則天廢掉的皇帝李旦參加。

李隆基深知父親軟弱忍讓的性格，便慷慨激昂地對眾人道：「我們做此事，絕非為了自己，而是為了大唐江山的社稷，一旦成功，真是相王（指李旦）的福氣；如讓相王牽扯進來，萬一失敗，必受株連。而且，如若告知相王，他若不同意，豈不破壞了我們的行動？」眾人一聽有理，便都同意李隆基的計劃。

一天夜裡，葛福順在御林軍營將熟睡中的韋播一劍刺死，然後對眾將士道：「韋后毒死先帝，淫亂後宮，禍亂朝綱，違背君臣人倫大禮。為了大唐江山社稷，我們今晚入宮將姓韋的全部殺死，擁立相王，大家看如何？」軍兵們平日早不堪忍受韋播，見此情況，紛紛歡呼以示響應。

此時，韋后正與她的幾個情夫在後宮喝酒調笑。自從李顯被害，她更加肆無忌憚，每夜必讓幾個情夫輪流侍寢，甚至白天也當著眾多宮女太監的面與她的情夫做那苟且之事，令後宮中的諸多侍從不堪入目。而且，韋后為人凶狠，動輒責咎眾人，因此宮中之人幾乎沒有不恨她的。

今夜，正當她還沈浸在她的淫亂風情之中時，李隆基突然帶兵殺入，口中還高喊著「殺韋后、立相王」的口號。宮中眾人一聽，也立時紛紛參加進去。韋后與她的情夫們聽到喊聲，嚇得驚慌失措。幾個男人穿衣戴帽，丟下韋后落荒而逃。

韋后又急又氣，也顧不得臉面，衣服不整，頭髮凌亂地向宮外跑去。她此時倒還清醒，知道該去投奔她那個統率御林軍的弟弟。可她不知韋播早已先她一步而去了。

她剛剛跑到御林軍營門口，正好趕上御林軍將士衝出來，要去與李隆基會合。為首的葛福順一眼看見狼狽不堪的韋后，口中

喊了一聲「賤人」，上前一步，手起刀落，砍下韋后人頭。至此，韋后的女皇夢才徹底破滅了。

韋后的幾個情夫均被將士們揪出來亂劍刺死，弒殺親父的安樂公主也沒能逃脫被殺的下場。宰相宗楚客僥倖逃脫，化裝成小商販，企圖在第二天混出城去，不料被城門守軍認出，當場被砍下頭來。韋氏宗族的人，被李隆基下令滿門抄斬，平日仗著韋氏宗族的勢力作威作福的人也被一併處死。

於是，李隆基令閉宮門及京師門，派萬騎分頭搜殺諸韋及死黨，武氏宗屬也誅死流竄殆盡。當天，朝中大臣以臨淄王李隆基為平王，知內外閒廄，兼押左右廂萬騎。

「三庶人事件」大揭祕

唐玄宗李隆基一天間殺死自己的三個親生兒子太子李瑛、鄂王李瑤、光王李琚，這都是因為壽王的親母武惠妃。武惠妃為皇帝所極寵，她的女兒咸宜公主嫁給楊洄。

據史書載：楊洄與岳母武惠妃同謀，陷害三位皇子（太子李瑛、鄂王李瑤、光王李琚），李隆基於開元二十五年四月，將這三個兒子廢為庶人，隨後又賜死於城東驛。武惠妃這樣做，據說是為她親生的兒子李瑁奪取太子地位。

開元初年，由於王皇后無子，而李瑛的母親趙麗妃正被玄宗寵幸，因而李瑛就被立為太子。與趙麗妃同時被寵幸的還有鄂王李瑤之母皇甫德儀、光王李琚之母劉才人。後來，頗有姿色、心計過人的武惠妃寵傾後宮，三位王子的母妃漸漸失寵，而壽王李瑁很受皇上喜愛。皇太子李瑛也因母親的失寵漸被皇上疏遠，太子地位

唐玄宗

岌岌可危。

　　當年還是個黃門侍郎的李林甫多次與武惠妃勾結，陰謀除掉太子，讓壽王李瑁取而代之。壽王的親姐夫、咸宜公主的丈夫楊洄到處打聽蒐集太子李瑛情況。

　　當時宰相有三人。張九齡是唐朝有名的大詩人、大學者，侍中裴耀卿也是朝廷重臣。只有李林甫資歷尚淺，又不學無術，只會迎合拍馬，因此對這兩人很是嫉妒。特別是在玄宗準備任命張九齡為宰相時，曾直諫勸阻說：「陛下今日若以李林甫為相，他日恐怕國無寧日了！」

　　李林甫聞知此事後惱恨不已，表面上曲意事之，卻始終睜大一雙眼睛盯著他的一舉一動。

　　裴耀卿與張九齡友善，李林甫也就把兩人一起視為眼中釘，暗中尋機發力，將其扳倒。

　　玄宗在位已久，怠於政事。每逢商議政事，張、裴兩人事無巨細都與皇上據理力爭。李林甫則一面巧伺上意，一面尋端覓釁，準備排擠張、裴二相。

　　玄宗又欲擢牛仙客為相，張九齡固諫如初，稱：「牛仙客只是一個邊地的武臣，而且目不識丁，如若重用，恐怕有負眾望。」玄宗對張九齡的固執很是惱火。

　　李林甫乘機上奏：「只求有真本事，管它什麼文學辭章。皇上任用人才，難道還有什麼限制嗎？牛仙客是塊當宰相的料，張九齡書生之見，不識大體。」

　　玄宗聽後，就加封牛仙客為隴西縣公。玄宗因此事認為李林甫並不專權，有薦賢之風，張九齡卻有拒賢固位的嫌疑，於是開始疏遠輕視張九齡了。

　　李林甫怨恨嚴挺之，暗中尋釁，欲加陷害。嚴挺之的前妻被

休後嫁於蔚州刺史王元琰。王元琰貪贓犯法，進了大牢，嚴挺之卻設法營救他。李林甫使人奏告玄宗，說嚴挺之私袒王元琰，應該連坐。

　　張九齡為嚴挺之辯解，認為其中不應會有私情存在。玄宗卻微笑道：「卿不知，雖離之，亦卻有私。」張九齡不便再言，只好轉託裴耀卿代救嚴挺之。

　　李林甫乘機上言：「耀卿、九齡都是朋黨。」

　　玄宗早已疏薄張九齡，於是因朋黨之嫌而將張、裴兩人俱罷知政事，貶嚴挺之為洛州刺史。

　　自張九齡罷相之後，太子李瑛、鄂王李瑤、光王李琚被以有「異謀」廢為庶人，囚於宮中東城。此後，三位皇子的娘舅家人紛紛使人賄賂內侍，企圖尋機相救。這一情況再為那楊洄所知，武惠妃又告知了玄宗。玄宗連夜召開御前會議，商議處置辦法。

　　李林甫表態：「這是皇上的家事，臣等不便干預。」

　　結果，玄宗詔命將三位皇子賜死，被株連流放的有數十人。這就是宮中人人談之變色的「三庶人事件」。

寵妃楊玉環死亡之謎

安史之亂發生後，西逃的李隆基在馬嵬驛歇息，在這裡發生了著名的「馬嵬驛兵變」，兵變的將士們射殺楊國忠後，圍住李隆基的臨時住處，久久不願離去，強烈要求李隆基處死楊玉環。「老奴」高力士認識到事情的嚴重性，趕緊勸誡李隆基說：「將士已殺國忠，貴妃在陛下左右，豈敢自安！願陛下審思之，將士安則陛下安矣。」

既然沒有將士的安定就不能保證李隆基的安全，李隆基還能救得了自己的心上人嗎？這對李隆基來說，幾乎是難以置信的，但又是千真萬確的事實。李隆基無可奈何，只得萬分不情願地屈從於將士的請求，「命力士引貴妃於佛堂，縊殺之。」

據說李隆基戀戀不捨地與楊玉環話別，楊玉環泣不成聲地對李隆基說：「願大家（指玄宗）好住，妾誠負國恩，死無恨矣。」李隆基也悲不自禁地祝願：「願妃子善地受生。」就在兩人難合難分的氣氛下，高力士執行了縊死楊玉環於佛堂前梨樹下的任務，陳玄禮等人親自檢驗楊玉環已死去，這才令將士散去。

這是常見的一種說法。新舊《唐書》《國史補》《資治通鑒》及《長恨歌傳》都異口同聲，這也是為大多數人接受的史實。中唐白居易《李夫人》和鄭隅《津陽門詩注》等均明確提到了楊玉環死後葬在馬嵬驛，鄭隅還詳細地記載了李隆基命高力士移葬楊玉環的情形，宋朝樂史的《楊太真外傳》也說是高力士將

楊玉環縊死於佛堂前的梨樹下。

一部分學者認為楊玉環的確死於馬嵬驛，但不是被高力士縊死的，而是死於亂軍的槍下，這種說法則是依據一些唐詩的描述。如杜甫的《哀江頭》有云：「明眸皓齒今何在，血污遊魂歸不得。」此詩做於安祿山佔據的長安城內，所以有可能暗示貴妃並非是縊死的，而是死於亂刀之下，因為縊死的話不應該有血污。白居易的《長恨歌》也言：「君王掩面救不得，回看血淚相和流。」此外，唐詩中詠楊玉環的，還有「太真血染馬蹄盡」、「埋血空生碧草悉」、「喧呼馬嵬血」、「血埋妃子艷」等句，都少不了一個「血」字。

可見，唐代很多人認為楊玉環是被殺而死的。

楊玉環的死因在唐代還有多種猜測，除了上述死於亂槍之外，還有人認為是吞金而死的。劉禹錫詩《馬嵬行》寫道：「貴人飲金屑，倏忽舜英暮，平生服杏丹，顏色真如故。」這種說法在其他書中並不多見，真實性很值得懷疑。

然而，有一部分人並不認為楊玉環死於馬嵬驛，他們提出了自己的觀點。他們認為楊玉環最終流落民間，當時並未死亡。

俞平伯先生於20世紀20年代末首先提出這一觀點，他主要是對白居易的《長恨歌》和陳鴻的《長恨歌傳》進行了考釋。1984年，周煦良先生在《晉陽學刊》上發表了《〈長恨歌〉恨在哪裡》一文，對楊玉環未死之說進行了全面的論證。

《長恨歌傳》中說：「反袂掩面，使牽之而去。倉皇輾轉，竟就於尺組之下。」本已暗示死於隱蔽之所，倉促之間，其死況就很值得懷疑了。待安史之亂平定，李隆基重回馬嵬驛，《長恨歌》則描述：「天旋日轉回龍馭，到此躊躇不能去，馬嵬坡下泥土中，不見玉顏空死處。」

所謂「空」字，根本就沒有找到屍骨。既然馬嵬驛不見屍體，李隆基就派方士去找，誰知結果竟是「上窮碧落下黃泉，兩處茫茫皆不見」。不在「碧落」也不在「黃泉」，那就當然在人間了。

最終，方士在海山之間的「玉妃太真院」裡找到了楊玉環。她「雪膚花貌」，依稀原來模樣，還拿出信物「金釵鈿合」帶給李隆基，以證其實，又說出兩人在「七月七日長生殿」裡所說的密語：「在天願作比翼鳥，在地願為連理枝。」

那麼，楊玉環未死，已是千真萬確的事了。

基於這種種原因，俞、周兩先生認為馬嵬坡事起倉促，楊玉環雖被賜死，但未必真死。當日倉促之間，使用了掉包計，用一個宮女代替是極為可能的事。試想一下，執刑者是李隆基的貼身「老奴」高力士，驗屍者是對李隆基忠貞不貳的將領陳玄禮，他們全都是李隆基的親信，如果合作起來當然可以瞞天過海，派人祕密送走楊玉環，楊玉環才得以流落民間。楊玉環流落民間後，住在「玉妃太真院」。唐代的女道士院就是娼家妓院，故楊玉環最終淪落為娼妓，對深愛楊玉環的李隆基來說，真是「此恨綿綿無絕期」了。

楊玉環

史學界有一部分人贊同楊玉環未死之說，但卻認為楊玉環逃往日本了，這種觀點在日本民間和學術界廣為流傳。據說，楊玉環在馬嵬坡並沒有被縊死，而是由高力士、陳玄禮策劃，用一個宮女做替身死去，然後叫人護送貴妃南逃，行至現在上海附近揚帆出海，漂泊到日本的久谷町久津，在半島的唐渡口登陸，定居在油谷汀。據說，日本國至今仍有楊玉環之墓，而日本著名演員山口百惠也稱自己是楊玉環的後代。持這種觀點的學者認為，當時提出要縊死楊玉環的陳玄禮本人其實與楊玉環並沒有深仇大恨，而且據史料記載，馬嵬坡事件之後，他仍深得李隆基的信任和器重，如果他真的讓楊玉環死了，李隆基應對他恨之入骨，怎麼會依舊信任他呢？

　　日本學者渡邊龍策在《楊玉環復活祕史》中則提出另一種觀點，但基本與上述說法大同小異。渡邊龍策認為高力士僅是使楊玉環窒息昏迷，楊玉環醒來後在舞女謝阿蠻和樂師馬仙期的幫助下，往東南潛入襄陽。再漂泊到武昌，沿長江到達揚州。

　　日本遣唐使團團長藤原刷雄將貴妃帶上海船，逃到了日本山口縣的久津。後來，謝阿蠻與馬仙朝設法把楊玉環東渡的消息傳達給李隆基。李隆基聞訊，感慨萬千，就派方士漂洋過海去找楊玉環，並呈上兩尊佛像，勸她回國。雙方雖互通了消息，但卻由於某種原因，楊玉環最終未能回國，客死異鄉。

　　如今，李隆基所贈的兩尊佛像被指定為日本國家重點保護文物。據說，楊玉環的墓地前香火不斷，在遊觀的人看來，朝拜楊玉環墓，可以生得漂亮可愛的兒女。

　　楊玉環是個傾國傾城的美貌人物，她的死被蒙上一層特殊的面紗，至於她同李隆基到底是生離，還是死別，則將是一個永恆的謎團了。

李隆基「傳位」祕聞

唐肅宗李亨在靈武即位是唐朝中期政治史上的一件大事，一直以來頗受人們關注。玄宗的交出政權，肅宗的接受政權，在這一交接過程中，至今留有許多謎團還沒有被解開。這其中人們最關心的問題是：唐玄宗李隆基真的有意傳位？

李亨是玄宗李隆基的第三個兒子，從小聰敏強記，兩歲封王。玄宗廢掉太子瑛之後，朝廷中以李林甫為首的多數大臣都擁護玄宗寵妃武惠妃的兒子壽王瑁為太子。但是玄宗卻認為李亨年長，又聽高力士的話。在他的堅持之下，李亨得以在開元二十六年（738年）入主東宮。

天寶十三載（754年）正月，安祿山來朝，李亨覺得他有謀反的跡象，於是請求玄宗誅殺安祿山，但是玄宗沒有聽他的話。後來，安祿山果然叛變，大兵壓向京師，玄宗等倉皇向蜀郡出逃。

在馬嵬驛兵變之後，玄宗的隊伍中發生了意見分歧。有的認為不可以到蜀郡去，有的主張到太原，有的提議到朔方，有的說還是回京師的好。玄宗一心想入蜀，在徵得大家同意後決定繼續前進。老百姓們「遮道請留」，希望皇帝不要離開宮闕陵寢所在之地。玄宗想了很久，最終還是西行了，叫太子李亨留在後面宣慰父老。沒過多久，人越聚越多，竟達數千人。

百姓父老拉住太子騎的馬，太子無法前行。太子的兩個兒子

及李輔國勸太子留下來,以便東討逆賊。玄宗走出了一段路,見太子不來,心中有所疑慮,無奈之下,撥給他兩千人馬,命他收復長安。

有學者認為,太子「不得行」是故意製造的假象。長期以來,太子與父皇有較深的裂縫。玄宗曾同日賜死三個皇子,太子看在眼裡,心裡十分恐懼。如果繼續跟隨父皇到蜀郡,今後太子地位能否保住,是難以預料的。他採用了李輔國等人的意見,讓老百姓出面遮道請留,以求得發展個人勢力。

玄宗已經預感到太子要走自己的路了,不禁嘆了一聲:「天也。」就與太子分道揚鑣了。

李亨率眾自奉天一路北上,於天寶十五載(756年)七月到達靈武。僅過三天,他就在城南即皇帝位,是為肅宗,遙尊玄宗為太上皇,改元至德,頒布詔書,大赦天下。

就像當年李亨能入主東宮,全靠其父王李隆基的堅持一樣,史書記載,肅宗能在靈武順利即位,其父親的「讓位」之舉起到了關鍵作用。

其實,李隆基、李亨父子於馬嵬驛分道揚鑣之後,李隆基並沒有聽任李亨一個人去平定叛亂,自己在成都靜待佳音。相反,他於入蜀途中從容佈置平叛,從未忘記自己的帝王身分。玄宗到成都後的第14天,肅宗從靈武派出使者赴蜀,向玄宗報告即位的事情。

四天後,李隆基頒布了《命皇太子即皇帝位詔》。此詔其實已無任何作用,太子早已即位,所謂「命」已是徒有虛名,只不過是為自己被迫讓位留點面子。詔中,玄宗說自己儘管已是太上皇,但是肅宗在處理軍國事務後必須向他奏報。

此外,他還為自己保留了以「誥旨」形式處理事務的權力,

並用詔令的形式使之固定化和法律化。李隆基所做的這一切的結果，不但沒有讓人看出他有「高枕無為」的意向，相反，使唐朝在一段時期內形成了一個由太上皇和皇帝同為政治中心的特殊的中央政治格局。

至德二載（757年）九月，唐軍收復長安，在蜀郡流浪了一年多的玄宗在肅宗的迎接下回到了長安。作為太上皇，他重新回到了興慶宮。不久，李輔國在肅宗授意下將玄宗幽禁於西內，直至最終幽憤而死。

許多人認為，儘管史書記述了眾多玄宗情願傳位的資料，但從種種疑點推斷玄宗禪位並非出自他的本意。他之所以會在得知肅宗靈武即位之後，馬上做出反應，頒布《令肅宗即位詔》和《肅宗即位冊文》，其實是一種政治手腕。

因為此時李亨已得到朔方的支持，打出平叛旗號，他不得不承認這一既成的事實，況且，這樣一來，他也能名正言順地在肅宗即位後的國家政治中施加自己的影響。

然而，這一切也只是推測，要真正揭開玄宗「傳位」的真相，還有待學者和歷史學家們提出更多有力的證據。

唐憲宗李純

聲色犬馬終亡身

　　唐憲宗李純是李誦的長子，母親為莊憲王太后。唐代宗大曆十三年二月，李純生於長安大明宮。李純六、七歲時，祖父李適抱他置膝上，問他：你是誰的孩子，在我懷中？李純回答說是「第三天子」。李適很驚異而又很愛憐李純。唐德宗貞元四年，李純封廣陵王，唐德宗貞元二十一年四月，冊立為皇太子；唐德宗貞元二十一年七月二十八，「權勾當軍國政事」；八月初九，李純即皇帝位；第二年改元元和。

　　李純即位初，讀唐代列祖列宗的《實錄》，對貞觀、開元的治理事蹟，愛慕不已，他對宰相說：「太宗之創業如此，玄宗之致理如此，既覽國史，乃知萬倍不如先聖，當先聖之代，猶須宰執臣僚同心輔助，豈朕今日獨能為理哉！」

　　李純明白治好國家要靠賢才輔助，所以他一改李適不委政宰相，大小事務都由皇帝決定的做法，將軍國樞機委宰相處置。李純「能用忠謀、不惑群議」，他十分注意選拔任用有才幹的宰相大臣，他任用的宰相，都能力主平藩，反對宦官干擾軍政。

　　李純在唐後期的皇帝中是很有作為的，他任用賢才，平定叛鎮，使唐室中興，但信用宦官，至身死於閹手，使宦官權勢更為囂熾。

揭祕李純為何青睞杜秋娘

浙西觀察使李錡厚賂權幸，得到了鹽鐵轉運使的肥職，史稱其「割剝六州之人以富其家，或劫殺其身而取其財」，後來被調為鎮海節度使。夏蜀叛亂平定以後，朝廷又樹立了一定的威信，藩鎮多畏懼入朝。李錡的心裡也忐忑不安，憲宗授李錡左僕射，遣使到京口訊問他入朝的行期。李錡殺死留後王澹舉兵造反，兵敗後被解送京都。

李錡被送到長安城西南腰斬。李錡的宗屬大都官居要職，過著養尊處優的奢華生活，挑選的歌妓婢妾都是當時冠絕於時的美色。他在浙西吃了敗仗之後，沒收後配在掖庭的婢妾中，除了一個姓鄭的，還有個姓杜的，都是姿色艷麗，一時無雙。

姓杜的婢妾名叫杜秋，歷史上也稱作杜秋娘（娘是古代婦女的泛稱，不屬於名字的一部分）。杜秋娘是唐金陵人，入宮以後得到了唐憲宗的寵幸。說起杜秋娘可能許多人不知道，若提及一首非常有名的《金縷衣》應該都有印象，其詩如下：

勸君莫惜金縷衣，勸君惜取少年時；
花開堪折直須折，莫待無花空折枝。

這首詩就是杜秋娘所作，寫的是光陰易逝，青春難留，要在最年輕的時候恣意歡樂，不要等到年老體衰的時候，空自後悔哀

嘆。這首詩也是杜秋娘傳奇一生的真實寫照。

杜秋娘原是金陵的一個青樓歌妓，她天然麗質，即使不施朱粉也遠遠地超出一般女子。況且她談吐詼諧，能歌擅詩，很快成為紈絝公子聲色場中追逐的對象。

鎮海節度使李錡聽說了她的艷名，便去與杜秋娘相會，一見之下十分傾心，於是要將她帶入府中充為侍妾，杜秋娘也欣然相從。李錡娶秋娘為妾時已67歲了，而秋娘芳齡只有15歲。

唐憲宗

「花開堪折直須折」的意思是人不風流枉少年，但是風流也離不開權勢財富作底子。李錡看中了杜秋娘色藝雙全，杜秋娘也看中他的權勢。

李錡的府中艷妾如雲，都是一時之選，但是杜秋娘一首《金縷衣》就足以讓她們失色，因而李錡對杜秋娘極為寵愛。李琦掘銅山鑄私錢，造鹽填私囊，擁兵自重而圖謀反叛。

等到李錡死後杜秋娘作為罪犯的家屬被沒入掖庭，她顧盼依依的窈裊身影深深地吸引了唐憲宗。憲宗心動之下便召幸了杜秋娘。因為她才貌過人，一度受到憲宗的寵愛，給她賜名為杜仲陽，做了宮中女官。

後宮裡的美女雖然很多，但杜秋娘憑藉她在青樓為歌女的才藝深深吸引著憲宗，始終在憲宗的心裡佔有一席之地。憲宗的皇后郭氏是汾陽王郭子儀的孫女。郭氏生下了穆宗李恆，於元和元

年進冊為貴妃，元和八年群臣先後三次請憲宗立郭氏為皇后，當時憲宗後宮多嬖艷，怕郭氏得到尊位後鉗掣他不能肆意，因此找藉口推脫。

憲宗本來是個有作為的皇帝，但是安史之亂後，唐朝內憂外患已經病入膏肓，不是人力可以挽救的。憲宗後期開始服用丹藥追求長生，丹藥多有毒性，他的性情變得暴躁易怒，經常無故斥責或誅殺左右宦官，弄得宦官人人自危。元和十五年，宦官陳弘志毒死了憲宗，穆宗李恆繼位。

這時秋娘已30多歲，但風韻不減當年，她又被穆宗召幸。為了掩人耳目，穆宗命杜秋娘為皇子漳王的保姆與教師。可惜，穆宗也很短命，杜秋娘後來又經歷了敬宗與文宗兩朝。文宗太和年間，漳王受誣陷被廢除，唐文宗詔賜杜秋娘歸老還鄉。

杜秋娘被朝廷棄置回家時衣食無著，過的是朝不保夕的生活。一些名士聽到她既老且窮的困境都十分同情哀傷，杜牧為此寫下一首長詩，記敘她的身世經歷。後世以杜秋娘泛指美女，比如白居易《琵琶行》：「曲罷曾教善才伏，妝成每被秋娘妒。」

李純為何不立后

在一般人眼裡，皇帝的身邊圍著那麼多女人，活得一定很瀟灑，很「性福」。殊不知，皇帝也有皇帝的難處。比如說，皇帝寵愛一個自己喜歡的女人，幾百雙眼睛瞅著且不說，光一個皇后時不時吃醋就叫人頭疼。這種頭疼事，幾乎每一個皇帝都碰到過，唐憲宗李純也不例外。

不過，憲宗畢竟是憲宗，他治國有兩下子，安史之亂後，唐帝國搖搖欲墜，但他上台後，卻一度出現中興局面。不僅如此，在處理個人感情的頭疼事上，他照樣有兩下子。

是哪兩下子呢，竟然可以不立皇后？

《舊唐書·后妃傳》有這樣一段文字，道出了憲宗不立皇后的初衷：「帝後庭多私愛，以后門族華盛，慮正位之后，不容嬖幸，以是冊拜后時。」

這段話的意思是，憲宗之所以不立皇后，就是怕皇后吃醋，干涉自己寵愛別的女人。原因就這麼簡單，誰也當不了大老婆，誰也管不了老子了。而且從憲宗開始，穆宗、敬宗、文宗、武宗、宣宗相繼效法，也都沒有立皇后，原因與其類同。

這一時期史書上所稱的「皇后」，其實都是她們的兒子當上皇帝以後加封的。

顯而易見，不立皇后的甜頭，憲宗本人以及他的子孫都嘗到了。然而，在品嘗這種甜頭的同時，他們也吞下了致命的苦果。

為了滿足自己的慾望，憲宗經常吃長生不老藥以及壯陽藥，越吃身體越虛弱，越虛弱越吃，如此惡性循環。他的身心受到了很大傷害，性情變得暴躁無常，身邊親信人人自危。最後，他愣是叫太監給毒死了。

　　至於他的那兩個兒子、三個孫子，更是有過之而無不及。為了御女多多，達到快感，他們經常吃方士配的金丹。他們死時的年紀都不是很大，憲宗和敬宗是暴死的，自不待言，穆宗活了30歲，文宗活了33歲，武宗活了33歲，宣宗也只活了50歲。顯然，他們如此短壽，與縱慾有很大的關係。

李純究竟是如何死亡的

　　李純在位15年，儘管有許多可以稱頌的地方，但是，他還是沒有實現中興唐室的願望，甚至死得不明不白。

　　原來，李純雖然重視發揮宰相的作用去平定割據的藩鎮，但同時，他對宦官也非常寵信，特別是包庇宦官吐突承璀。

　　吐突承璀年幼時以小黃門的身分侍奉東宮，和當時還是太子的李純關係密切。李純即位後，命吐突承璀為內常侍，管理內省事務，並授為左監門將軍；不久，又提升為左軍中尉、功德使。

　　唐憲宗元和四年（809年），在平定地方節度使王承宗叛亂時，李純任命吐突承璀為河中、河南、浙西、宣歙等道赴鎮州行營兵馬招討使。

　　對此，朝廷諫官向李純指出，自古以來還沒有人用宦官做軍事出征兵馬元帥的。李純沒能聽取這些意見，當吐突承璀率領禁軍出征上路的時候，還親臨通化門樓送行，再三勉勵。

　　吐突承璀出師一年沒有任何功績，便祕密派人暗通王承宗，勸他上疏請罪，作為罷兵和解的條件。王承宗照辦了，朝廷的軍事行動遂告結束。事後，有人揭發吐突承璀的通敵行為，李純只是把吐突承璀降為軍器使，不久，又升他為左衛士將軍，管理內侍省事務。

　　李純不僅包庇宦官，而且在後宮裡也多內嬖。李純生前沒有冊封過皇后，皇妃郭氏的父親是駙馬都尉郭曖，母親是李豫的長

女升平公主。李純為廣陵王時，納郭氏為妃；唐憲宗元和元年（806年）八月，冊封為貴妃。

唐憲宗元和八年（813年）十二月，百官上表三次請立貴妃為皇后，李純都以種種藉口推脫而沒有允許。其實，李純所考慮的，主要是郭氏為名門望族，怕立皇后對自己約束過緊，影響和妃嬪的往來。

直到唐憲宗元和十五年（820年）閏正月，李恆即位以後，郭氏才被封為懿安皇太后。至於李純的孝明皇后鄭氏，更是後來宣宗李忱即位後才正式追封的。李純在位15年中，雖然一直沒有冊封皇后，但他的兒子竟有20個之多，由此也可以看出他後宮生活的多寵。

李純還希望自己長生不老。元和五年（810年）八月，李純問大臣李藩：神仙的事是否可信？李藩給了否定的解釋。對此，李純雖然口頭上表示同意，但心裡卻始終堅信不疑。

不久，李純就開始服用方士們進獻的金丹。當大臣上表勸阻時，李純還大發脾氣。

唐憲宗元和十五年（820年）正月，李純因服食金丹中毒，身體感到不適。後來，人們大都懷疑在李純病重時，是宦官王守澄、陳弘志等人將他殺害。李純終究是如何死亡的？這大概又是一個千古之謎了。

唐宣宗李忱

智障「光王」抹輝煌

　　唐宣宗李忱是李純的第十三子,母親是孝明皇后鄭氏。鄭氏本是李錡的小妾,唐憲宗元和二年,李錡反叛,被平定,李錡父子處死,李純納鄭氏。唐憲宗元和五年六月二十二,李忱生於大明宮,原名李怡。唐穆宗長慶元年三月,李忱封光王。李忱幼時,宮中都以為他並不聰明。唐文宗太和年以後,李忱更加韜晦,與眾人一起時,不愛說話。唐武宗會昌六年三月,李炎病重,多日不能說話,宦官在宮中祕密商議,立光王李忱。二十日下詔稱:皇子年幼,立光王李怡為皇太叔,更名李忱,軍國政事令權勾當。李忱見百官,滿臉哀容,裁決庶務,都合於理。三月二十三日,李炎駕崩,以李德裕攝冢宰。二十六日,李忱即皇帝位,是為唐宣宗,時年37歲。

　　李忱即位之初,杖殺道士趙歸真等,流羅浮山人軒轅集於嶺南,到晚年,「頗好神仙」,竟派遣中使迎道士軒轅集於羅浮山。軒轅集自被流放後,學聰明了,在長安幾個月後,便堅決要求還山。唐宣宗大中十三年,李忱服食醫官李玄伯、道士虞紫芝、山人王樂的藥,疽發於背。到了這年八月,疽越發嚴重了,宰相大臣都見不到李忱。八月初九,左神策軍護軍中尉王宗實立鄆王李溫為皇太子,權勾當軍國政事。八月初十,李忱駕崩於咸寧殿,終年50歲,諡號「聖武獻文孝皇帝」,廟號宣宗,葬於貞陵。

從「智障人士」到強勢帝國祕聞

在唐朝的22個皇帝中,唐宣宗李忱無疑是最富有傳奇色彩的一個。因為從小到大,他一直被視為「智障人士」。在整個長安城,幾乎所有認識他的人都這麼認為。

從他出生的元和五年(810年)起,到他登基的會昌六年(846年),整整36年間,他幾乎從未享受過真正的親王待遇。而且當武宗皇帝病危、大明宮的各派政治勢力正在為新君人選展開激烈較量的時候,他卻一無所知地在遠離長安的某個地方雲遊和漂泊……

然而所有認識他的人做夢也不會想到,彷彿就在一夜之間,歷史老人的詭譎之手就把這位曾經的「智障人士」一舉推上了大唐帝國的金鑾殿,讓他搖身一變,成了唐朝的第18位天子。

更讓人不可思議的是,李忱即位之後,忽然爆發出前所未有的膽識、智慧和魄力,不但一舉消滅了為患帝國長達半個世紀的「牛李黨爭」,而且極大地遏制了一貫囂張跋扈的藩鎮勢力和宦官勢力,最終還把淪陷於吐蕃人手裡將近百年的河湟失地全境收復,締造了唐朝中晚葉絕無僅有的最後一抹輝煌。

李忱雖然是憲宗的親生兒子,但卻是庶出——母親鄭氏只不過是一名身分卑微的宮女。由於母親地位卑微,光王李怡出生後自然享受不到其他親王那樣的榮寵,只能在一個無人注目的角落裡孤獨成長。

唐宣宗

所以他從小就顯得落落寡合、呆滯木訥，往往與其他親王群居終日而不發一言。長大成人以後，這種情況不但沒有好轉，反而愈發嚴重。人們紛紛猜測，這可能和他在穆宗年間遭遇的一次驚嚇有關。當時光王入宮謁見懿安太后，不料剛好撞上宮人行刺，雖然是有驚無險，並未造成任何人員傷亡，但從此以後光王就變得更加沈默寡言。十六宅（李唐宗室親王的聚居地）的皇族宗親們於是認定，這個本來就呆頭呆腦的傢伙這回肯定是嚇傻了。

此後無論大小場合，光王就成了專門被人取笑和捉弄的對象。有一次，文宗皇帝在十六宅宴請諸王，席間眾人歡聲笑語，唯獨光王悶聲不響，文宗就拿他開涮，說：「誰能讓光叔開口說話，朕重重有賞！」

諸王一哄而上，對他百般戲謔。可這個光叔始終都像一根木頭，無論大夥如何戲弄他，他甚至連嘴角都不動一下。看著他那逆來順受的模樣，眾人越發開心，文宗在一旁笑得前仰後合，眾人也不斷哄堂大笑。

可是就在這時候，有一個年輕的親王卻忽然止住了笑容，這個親王就是後來的武宗李炎。雖然李炎剛才戲弄光王的時候也很起勁，可現在他忽然在想——一個人居然能在任何時間、任何場合都不為一切外物所動，如果他不是愚不可及，那就是深不可

測。李炎忽然有點兒不寒而慄,他下意識地覺得,光王很可能屬於後者。

到了李炎登基之後,多年前那種不寒而慄的感覺始終揮之不去。他決定一勞永逸地剪除這個潛在的禍患,最後仇公武救了光王。經歷了九死一生的光王,從此離開長安,流落民間。

會昌六年春天,唐武宗李炎病危,他的幾個兒子都還年幼,帝國沒有儲君,朝野上下人心惶惶。就在這個微妙的時刻,早已被世人遺忘得一乾二淨的光王,忽然在宦官仇公武、馬元贄等人的簇擁下,出人意料地回到了長安。

這一年暮春,光王李怡成了「皇太叔」,而且改名李忱。所有人都知道,在「皇叔」的稱謂中多了一個「太」字,就是儲君的象徵。當年的智障人士,居然馬上就要成為金鑾殿上的真龍天子。幾乎所有人都覺得難以置信和不可思議,可是他們很快就回過神來了。因為光王是宦官仇公武等人帶回來的。而宦官們需要的就是一個傀儡,一個可以任由他們擺布的窩囊廢和應聲蟲。既然如此,光王當然就是不二人選。在李唐宗室的諸多親王中,還有誰比光王更適合充當這個傀儡呢?

在皇太叔李忱接見文武百官的儀式上,宦官仇公武的臉上一直蕩漾著一個心花怒放的笑容。是的,他有理由這麼笑,好幾年前他就知道,自己從臭氣薰天的宮廁中撈出的不是一個無足輕重的傻子,而是一塊舉足輕重的政治籌碼。他知道自己有朝一日一定能夠把他拱上帝座,然後順理成章地掌控朝政。而今,一切終於如願以償,仇公武當然有理由笑得這麼燦爛。

然而,接下來的日子,當李忱開始著手處理政務時,仇公武就笑不出來了。因為眼前的李忱忽然變得無比陌生。他神色威嚴,目光從容,言談舉止沈著有力,決斷政務有條不紊,看上去

和從前判若兩人，仇公武既震驚又困惑。難道說，這才是光王的本來面目？難道這36年來他一直在裝瘋賣傻，一直在隱藏真實的自己？

直到此時，仇公武才恍然大悟，原來武宗當年之所以要一而再、再而三地把這個「傻子光叔」置於死地，是因為在他那愚痴木訥的外表之下，隱藏著常人莫及的才幹和韜略。

可現在明白已經太晚了，因為生米已經做成了熟飯，仇公武悲哀而無奈地意識到──自己處心積慮所做的這一切，到頭來只是替李忱做了一回嫁衣！

宣宗李忱剛一即位，就施展了一系列雷霆手段。隱忍了大半生的他，似乎迫不及待地要將武宗李炎所建立的一切徹底推翻。首當其衝者，就是武宗一朝的強勢宰相李德裕及其黨人。李忱正式執政的第二天就罷免了李德裕，此後短短的一年多時間，宣宗李忱就把所有重要的李黨成員全部貶出了朝廷，用行動全盤否定了會昌政治，同時迅速拔擢了一批新人，完成了對中樞政治的換血，建立了他自己的執政班子。

揭祕李忱出家真相

尉遲偓的《中朝故事》記載的情跡與上面略同，但更近了一步：「武宗初登極，對宣宗十分忌恨。一日，在禁苑鞠球，武宗召宣宗，宣宗遠遠就看到中官仇士良在對他眨眼睛。仇士良躍馬向前說：『剛好有聖旨到，光王可下馬接詔。』仇士良命宦官用車載了宣宗偷偷溜出禁中。軍中諸將上奏武宗說：『光王落於馬下，已經不能搶救了。』於是宣宗削髮為僧，遊歷江表間。會昌末，中人請宣宗還京，於是即帝位。」照這則故事，李忱不僅逃了出去，而且還流落在外當了和尚。這裡仇公武成了仇士良。

《宋高僧傳》也談到這件事，而且說唐朝帝王後裔和尚齊安，能預知李忱為僧人。李忱為僧人後，「周遊天下，險陰備嘗。」後來，李炎讓李忱任江陵少尹，實是「惡其在朝耳」。《祖堂集》說李忱曾拜齊安為師，「甚有對答言論，具彰別錄」。《北夢瑣言》說李忱「密遊方外，或止江南名山，多識高道僧人」。《五燈會元》之第一燈為《景德傳燈錄》，內中談到杭州鹽官齊安禪師法嗣中共有八人，內中就有李忱，並且錄有李忱與黃檗希運禪師的對話。

這一系列的材料，都談列了李忱曾經當過僧人。

相信這種說法者認為，韋昭度沒有記載李忱出遊為僧，而只是被養在宦官家，主要因為韋氏身為唐相，和李忱的時間距離又太近，所以不能不為尊者諱。如果把當朝皇帝的父親或祖父當

和尚的經歷明揭出來，在當時恐有諸多不便。

李忱出家在什麼地方？一些人認為李忱取道江淮後，最後在浙江鹽官鎮國海昌院（後稱安國寺）當了一個小沙彌，其師就是該院方丈齊安，李忱的法名為瓊俊。當上皇帝後，李忱想接齊安回京師，但齊安已經圓寂，李忱只能賜給他悟空國師稱號。

安國寺有許多碑記，談到李忱曾逃難出奔，落髮為比丘，「遍參諸方，獨器許於鹽官和尚。」李忱當和尚的故事，歷代流傳不絕。

傳說蘇軾當杭州太守時，曾遊海昌院，憑吊舊跡，有感而發：「已將世界等微塵，空裡浮花夢裡身。豈為龍顏更分別，只應天眼識天人。」點明了龍顏曾在海昌院受到齊安的格外照顧。南宋陳岩肖《庚溪詩話》卷上說：「唐宣宗微時，以武宗忌之，遁跡為僧。一日遊方，遇黃檗禪師同行。」清朝康熙《海寧州志》、《海寧縣誌》都肯定李忱曾當過和尚。

不過有很多人並不同意這種說法。著名唐史專家岑仲勉曾專門對這件事進行了考證，他指出司馬光《通鑒考異》早就認為韋昭度等書的記載「皆鄙妄無稽」，而李純死後李忱「便合紹位」是唐末小說的言論，「多不足憑」。

尉遲偓的說法比韋昭度更加荒謬，當時皇子都居住在十六宅，一般是不出閣的，而李忱能當僧人，特別是李炎對李忱十分忌諱，怎麼能任其到處亂跑？李炎既然知道李忱當和尚了，「只有明正其罪，豈肯授以江陵少尹？」岑先生猜測：「大抵武宗毀佛，僧人憎之極深，故不惜為詭說，以遂其誣捏，韋氏等三書，保不為僧說所影響也。」

一些人認為《舊唐書》說李忱「嚴重寡言」，「幼時宮中以為不慧」。李忱在文宗、武宗朝時「愈事韜晦，群居遊處，未嘗

有言。」

　　像《舊唐書》根據唐代的國家文獻整理成書的著作，可靠程度遠在私家著述之上，卻並沒有說李忱削髮為僧雲遊四方。李炎在位時，根本看不起李忱，而不是怕他防他。而李忱裝出一副庸碌的樣子，韜晦少言，減少李炎對他的防備。

　　李忱生於唐憲宗元和五年（810年），唐武宗會昌六年（846年）即帝位時不足36週歲。李忱的長子太和七年（833年）出生，唐宣宗大中四年（850年）女兒萬壽公主出嫁；唐宣宗大中五年，他封三個皇子為王。如果當時削髮為僧，長期不在長安，而在南方雲遊，他哪裡會有自己的家庭和眾多的子女？李忱即位前與佛教的關係，僅是就近遊玩，多少做點佛事而已。

　　李忱當過和尚嗎？看了上面的不同觀點，後人仍是無法作出肯定的答案。

解密李忱死亡原因

唐宣宗李忱與李炎是同父異母的兄弟，他的死讓人啼笑皆非。在他之前的多位皇帝都死於丹藥中毒，這使得他對道教很厭惡，並因此怒殺了多位道士而倡導佛教，積極推廣佛教。但後來他也鬼使神差地依賴起了仙丹，一位反對道教方術的帝王，最後卻死在道家丹藥上，真是可悲，更是諷刺。

實際上，剛開始李忱與李純一樣，對丹藥的副作用有清醒認識，並表示，「雖少翁、欒大復生，不能相惑」，但後來卻中邪了。剛開始服食時李忱也已發現了副作用，神躁口渴，但他卻沒有停藥。到後來，李忱的中毒現象更厲害了，背上生了大膿瘡。

《資治通鑑‧唐紀六十五》記載，「上餌醫官李玄伯、道士虞紫芝、山人王樂藥，疽發於背。八月，疽甚，宰相及朝臣皆不得見。」

李忱就是因為服用丹藥中毒，病情惡化後而死。李忱之死應該是活該，唯一值得自慰的是，李忱活了50歲，比他之前的三位先逝皇帝多活了十幾歲。

一個朝代接連有李純、李恆、李炎、李忱四位皇帝死於丹藥中毒，堪稱中國帝王史上的一大奇觀，大唐王朝衰敗也因之成為必然。

此外，唐懿宗李漼、唐僖宗李儇也都被懷疑是服食丹藥中毒而死亡。這兩人的死因史書上都沒有寫明，僅稱「上疾」。

聯繫當時大唐王朝後期皇帝迷信丹藥的背景，中毒死亡說還是相當可信的。41歲的李漼病危前，宰臣蕭鄴等前去寢幄問疾，李漼僅說了一個「朕」字，話到嘴邊又不說了。而李儇死時僅27歲，其死因當時就傳是「丹藥中毒」。

最應該一提的是，大唐皇帝的所為也影響到了後世李姓帝王。五代十國時期，身為吳國丞相徐溫養子的徐州人李昪（時名為徐知誥）執掌吳政，受封為齊王，吳天祚三年（937年），廢吳帝自立，改元升元，國號大齊。三年之後，又改國號為唐，史稱南唐，定都金陵（今南京市）。升元七年，李昪即因服食過量丹藥中毒死亡。

第二篇 解密大宋帝君的政權非常道

宋太祖趙匡胤

燭影斧聲千古案

趙匡胤生逢五代極亂之世。常言道「亂世出英雄」，恰就在這風雲變幻、天地翻覆的大分裂、大動盪之中，趙匡胤脫穎而出，由一名沒沒無聞的小軍官很快晉升為後周政權的高級將帥，發動陳橋兵變，黃袍加身，一舉取代後周統治，建立起延續三百餘年的大宋王朝。

趙匡胤一生最大的貢獻和成就在於重新恢復了部分華夏地區的統一，一舉結束了安史之亂以來長達二百年諸侯割據和軍閥混戰的局面。趙匡胤從「陳橋兵變、黃袍加身」發起成功的政變，兵不血刃登上帝位，到統一大半個中國，創建特色鮮明的文人政治制度，開創了中國的文治盛世，為歷時三百多年的宋王朝的經濟和文化達到我國歷史上的又一個高峰奠定了堅實的基礎。

因此可以說，趙匡胤是我國歷史上一個承前啟後的重要人物，宋朝也是中國君主專制史上的最為開明的一個王朝。

歷史證明，趙匡胤生於亂世，經歷了種種磨難，體會了人生百味，摸清了時代的脈搏，磨鍊出了堅忍不拔的性格，由此，開創了一個承前啟後的時代，成為一位推動歷史發展的傑出人物，一個睿智英明的好皇帝。

開寶九年（976年）八月，太祖再次進行北伐。但十月十九日太祖忽然去世，其弟趙光義忙於即位，全國統一事業暫告停止。宋太祖弟趙光義即位，廟號太宗。

「真龍」出世：揭示趙匡胤身世之謎

中國古人，尤其是士大夫們，在談論起自己的家世淵源時，總喜愛追溯至遙遠而渺茫的上古黃帝時期。貴為天下之尊的宋朝天子，自然也不能免俗。

宋代彭百川《太平治跡統類・聖宋仙源積慶符瑞》便在追述趙姓之源時稱：「趙氏之先，自造父為周穆王御，封趙城，因氏焉。其後與韓、魏分晉，列為諸侯。至漢，趙廣漢居涿郡中，遂為郡人。」

這段話大意是說：趙氏的始祖造父為周穆王的駕車大夫，因在平定徐偃王的叛亂中立下大功，被賜封於趙城（今山西洪洞北），其後裔遂以封邑為氏，是為趙姓之始。

至春秋戰國時，作為晉國當政大夫的越氏家族聯合韓氏、魏氏三家分晉，創立了趙國，建都晉陽（今山西太原），後來遷都邯鄲（今屬河北），成為戰國七雄之一。

秦始皇滅趙以後，趙國王族子孫普遍使用趙姓，此後逐漸發展成為中國十大姓氏之一。西漢時期，始定居於涿郡。因執法不避權貴而深得漢天子褒賞的京兆尹趙廣漢，即被認定是趙匡胤的遠祖。

由於歷史上趙姓望族主要居住在天水郡（約今甘肅天水及隴西以東地區），天水即成為趙姓的郡望。所以宋朝及以後朝代，往往亦以「天水」或「天水朝」來代指趙宋王朝。相傳宋初南唐

境內流行穿湖藍色的衣衫，稱之為「天水碧」，果然不久宋軍便兵臨城下，「天水碧」便被當做南唐為宋朝所滅的預言。

與中國歷史上眾多帝王出生時必定有神異的吉祥徵兆出現一樣，趙匡胤的誕生，在宋人筆下，也充滿著神奇甚至荒誕的色彩。據載，其母杜氏是夢見太陽落入懷中而有身孕，到趙匡胤出生的那天夜裡，赤光滿布，遠處望去疑是失火，其「胞衣如菡萏（荷花的別稱）」，身體披金色，三日不變，異香經宿不散。

所以趙匡胤的小名就叫香孩兒，夾馬營又被宋人稱做香孩兒營，而趙宅所在的街道也被稱做火燒街。

為證明趙匡胤的出生是上應天命、下合世情，宋人更是牽強附會地拉來了許多似是而非的證據。

如《孫公談圃》云，早在隋朝開挖運河時，其河道走勢正衝著宋州（今河南商丘）城，直到城外才拐了個大彎以繞開，民間相傳這個河灣就叫做「留趙灣」。趙匡胤日後就是在任宋州節度使時登上了帝位，由此這留趙灣的名稱，實在可稱得上是趙匡胤在京城開封登基的吉兆之一。

《太平治跡統類‧聖宋仙源積慶符瑞》中稱：唐代貞元壬午年（802年），有五色祥雲飄浮在長安城上，太史張璇說：「以日宿加以推算，其徵兆當應於宋州地分，其後一百六十年有聖人興起於其地。」自此至趙匡胤登基開國，實為158年，與那160年的預言頗為相合。

《清波雜誌》也云：趙匡胤的祖上陵墓在保州保塞縣郊外，而那裡有一條小巷正叫「天子巷」，這也算是預告趙氏子孫將出天子的好兆頭。

而另一個廣為流傳的說法是，五代後期社會上傳布著一首奇怪的預言詩，其中三句為「有一真人在冀州，閉口張左右邊，子

子孫孫萬萬年。」此處「真人」顯然當做「皇帝」解釋，冀州正在河北，「閉口張左右邊」即「弘」字，最末一句自然是皇位當傳千秋萬代之意。

這首預言詩，有人說是南朝梁時的異僧寶志和尚書寫於銅牌上，也有人認為是唐代方士李淳風所作的著名預言著作《推背圖》中的詩句。

據說這《推背圖》的預言最初是很靈驗的，趙匡胤做了皇帝以後，擔心有野心家根據這《推背圖》中預言內容進行謀反，便讓人在《推背圖》內添入許多假貨，再抄印了許多本後散布出去，使得社會上傳播的《推背圖》魚龍混雜，所作的預言不再靈驗，漸漸地就不再為人們所相信了。

但無論如何，在五代時期，相信《推背圖》的大有人在，如南唐國主就給自己的兒子取名叫弘冀，吳越國王錢鏐的兒子們的名字中，也都有一「弘」字，希望能與社會上流傳的預言相符合。不曾想「有意種花花不發，無心栽柳柳成行」，趙匡胤之父趙弘殷的名字中恰好有「弘」字，而且他的老家正在河北，與預言剛好合拍。這是宣揚趙匡胤稱帝符合「天道」的一個十分過硬的論據，所以宋人很是津津樂道。

此外，在宋代民間傳說中，還有

《推背圖》書影

趙匡胤是天上火德星君霹靂大仙下凡，或是西方定光佛出世，以拯救亂世百姓之說。古人本有妖魔出世禍害百姓、天神下凡重整江山的說辭，說趙匡胤是仙人佛祖下凡，自然屬於民間傳說好自由發揮的特色，但我們也可由此得出這樣一個結論，即自唐代「安史之亂」至此近二百年來，中原地區戰火不絕，生靈塗炭，人民迫切希望天降「聖人」，拯救百姓於水火之中。所以，一代英雄趙匡胤可說是生逢其時。

趙匡胤出生時，正是後唐明宗李嗣源登基的次年。李嗣源是一個很有特點的皇帝，被譽為五代時期功績僅次於後周世宗柴榮的皇帝。他是沙陀族人，是後唐莊宗李存勖之父李克用的養子。由於唐莊宗登基後，只知狩獵遊玩，視國家大事如兒戲，弄得天下飢荒連年，將士缺乏給養，百姓無法生存，賣兒租妻，怨聲載道，終於激起兵變，被部下所殺。

於是李嗣源被眾將士推舉為皇帝。李嗣源幼年從軍，雖不識字，卻頗有自知之明，據說做了皇帝以後，曾在午夜於宮中焚香向蒼天禱告，說：「某本胡人，不能做中國主，因世亂為眾人所推。願上天早日降生聖人，為生民之主！」

由於趙匡胤出生年月與李嗣源登基之日前後相接，所以宋人也樂意將二者作為因果關係加以聯繫。

黃袍加身：趙匡胤陳橋兵變真相

第二篇 解密大宋帝君的政權非常道

周世宗柴榮突然身患重病，一命歸天，他年僅7歲的兒子即位，史稱周恭帝。次年元旦，正值君臣在宮中同賀新年之時，北方突然來了份緊急軍事報告，上寫：「遼師南下，與北漢合兵，進攻周境，形勢十分緊急，若不馬上增兵，遼兵必將長驅直下，後果不堪設想。」

小皇帝不懂事，皇太后也束手無策，只好由兩位老宰相范質和王溥商量，請歸德節度使、檢校太尉、殿前都總檢趙匡胤率領禁軍前往北方邊境，抵抗入侵的遼軍。大軍走了一天，駐紮在陳橋驛。

當天夜裡，士兵們聚集起來，喧嚷著：「皇帝這麼年幼無知，他怎麼治理朝政？讓我們與遼人打仗，出生入死，誰能了解我們的辛苦與功勞？不如先立總檢當了天子，要我們幹什麼都沒有二話！」此時趙匡胤正醉臥帳中。天快亮時，鬧事的將士們手執兵器來到趙匡胤帳前，聲稱：「諸將無主，願策太尉為天子！」趙匡胤方才被驚醒，未等回話，將士們就把象徵皇權的黃袍裹在他身上，並且都下跪歡呼「萬歲」。然後眾人又硬擁他上馬，返回開封，取代後周政權，建立了北宋。

這就是歷史上著名的「陳橋兵變」、「黃袍加身」的故事。

「陳橋兵變」歷來被看做是「千古疑案」，疑點頗多。

首先，這不是偶然事件，而是精心策劃。據《涑水紀聞》等

書記載:「及將北征,京師喧言,出師之日,將策總檢為天子。故富室或挈家遠避於外州,獨宮中未之知也。」古詩言道:「黃袍不是尋常物,誰信軍中偶得之。」

是啊,當時軍隊未到陳橋已有兵變之說,未見黃袍,已有天子之說,怎能不是預謀?

其次,「醉臥不省」,掩人耳目。趙匡胤是率軍出征繳敵的主帥,剛剛出發上路,怎能在軍帳「醉臥不省」?他再愛喝酒,也不能對軍國大事如此掉以輕心,看來,「醉臥」是在演戲,意在掩人耳目,給生前演繹了「陳橋兵變」千古佳話的趙匡胤,在死後又將「斧聲燭影」的亙古懸案留給了後人。

再次,太后之語,洩漏天機。《宋史‧杜太后傳》說,杜太后知趙匡胤黃袍加身後,說:「吾兒素有大志,今果然。」「吾兒生平奇異,人皆言當極貴,又何憂也。」本來朝廷有天子在,趙匡胤卻篡位奪權,當受禍滅九族之罪,而其母杜太后卻不驚不慌,談笑自若。明眼人一看便知,趙匡胤奪帝位是早已存心。杜太后說他有「大志」,不是當節度使,而是當皇帝。

最後,「緊急軍情」,亦為謊言。一首古詩說:「千秋疑案陳橋驛,一著黃袍便罷兵。」當時趙匡胤領兵出戰,是因國境告急,臨危受命。而黃袍加身後,不

宋太祖

費一兵一卒,「緊急軍情」就沒了?戰事就平定了?

這不明擺著此事情全係謊報!謊報的結果是,趙匡胤輕易地掌握了禁軍的兵權。而且能製造出在陳橋驛之夜,眾將士給他「黃袍加身」的機會,凡此種種,都足以證明兵變自始至終都有人在精心策劃。

與上述說法不同的人士也為數不少,他們認為「疑案不疑」,認為是「軍情並非謊報」。

首先,《宋史》《續資治通鑑長編》《契丹國志》等史書都記有鎮、定二州的急報:北漢勾結契丹入寇。其次,鎮、定二州節度使不是趙匡胤集團的人,他們或是「追感周主因恩遇,時復泣下」有異心的人,或是在宋初乞解官歸山,又欲擁兵自重的人,他們絕不會為陳橋兵變造假情報。

再次,清代趙翼認為,五代諸帝,多由軍士擁立,相沿成襲。趙匡胤之前,已有周太祖郭威、唐廢帝李從珂、唐明宗李嗣源由軍士擁立,這是唐代藩鎮割據後軍士擅廢立之權而留下的遺風,是下凌上替,禍亂相尋的反映。因此,趙匡胤的「黃袍加身」很可能真是軍士擁立的。

總而言之,陳橋兵變、黃袍加身確實令人起疑,不過目前還不知其真相。

酒酣耳熱：趙匡胤杯酒釋兵權的隱衷

趙匡胤以陳橋兵變輕易奪得後周政權，他擔心別人也會用同樣的手段迫使他禪位。如何才能使趙宋王朝長期延續下去，不再成為五代之後的第六個短命王朝，是這位太祖皇帝必須面對的一個問題。

從一個小軍官升到殿前都點檢，又從殿前都點檢躍上皇帝寶座的趙匡胤，深知兵權的重要性。他吸取後周滅亡的教訓，一登上皇位就加強了對禁軍的控制。

建隆元年（960年）末，宋太祖平定了李筠及李重進兩個節度使的叛亂。一天，他突然召見宰相趙普，問道：「從唐末以來，短短幾十年間帝王卻換了八姓，爭戰無休無止，百姓處於水深火熱之中。我想要從此息天下之兵，使國家久長下去，你有什麼好的辦法嗎？」

聰明的趙普早就思考過這些問題，他對宋太祖說，問題的癥結在於唐亡幾十年間藩鎮割據，臣子的力量太強而君主的力量太弱。治理的辦法只能是削奪這些臣子的權力，將他們掌握的精兵賦稅收歸中央，之後天下自然就安定了。宋太祖對趙普的話連連稱是，說：「我明白了，明白了。」

建隆二年，趙匡胤將殿前都點檢鎮寧軍節度使慕容延釗罷為山南東道節度使，侍衛親軍都指揮使韓令坤罷為成德節度使。因為殿前都點檢是趙匡胤黃袍加身前擔任過的職務，從此不再設

置。由石守信接替韓令坤任侍衛馬步軍都指揮使。

　　石守信等人既是趙匡胤的好朋友，又在陳橋兵變中立下大功，這時升了官，又執掌重兵，不免會有些得意非凡。起初宋太祖以為他們都是自己的故友，並不介意。

　　趙普卻不這樣認為，他數次進言說：「臣也不擔心他們會背叛陛下，但是我覺著他們不能有效地統率部下。如果他們的部下貪圖富貴，萬一將來有一天這些部下起來擁戴他們，那他們恐怕也會不由自主啊。」這些話著實提醒了宋太祖。為避免陳橋事變重演，太祖皇帝開始採取措施解除這些禁軍高級將領的兵權。

　　一天晚朝後，宋太祖把石守信、高懷德等禁軍高級將領叫住，留下來喝酒。君臣幾個相談甚歡，當酒興正濃的時候，宋太祖突然屏退侍從，他深深地嘆了一口氣，說道：「若不是靠你們幫忙，我是做不了皇帝的，為此我從內心念及你們的功勞。但你們哪裡知道，做皇帝也有做皇帝的難處啊，有時我覺得還不如做節度使快樂。不瞞諸位，這一年來我每到晚上都不敢安枕而臥啊！」石守信等人非常驚駭，忙問其中的原因，太祖接著說：「這還不顯而易見嗎？我這個皇帝的位置天下人誰不想要啊！」

　　石守信等人一聽，知道皇上話中有話，連忙叩頭道：「陛下何出此言，現在天命已定，誰還敢對陛下三心二意啊！」太祖說：「不是這樣，我知道你們肯定是沒有異心的，但你們部下想要富貴，如果哪一天他們把黃袍加在你的身上，你即使不想當皇帝，到時恐怕也會身不由己了。」

　　聽了趙匡胤這一席話，石守信等人驚恐萬分，他們知道皇上已經開始對他們有了猜疑，如果這件事處理不好，很有可能招致殺身之禍。他們一齊跪在地上哭了起來，懇請太祖皇帝為他們指明一條「可生之途」。

宋太祖緩緩說道：「人生在世，短促如白駒過隙，真正想要得到富貴的人，都應該多多地聚斂金錢，使子孫後代都能免於貧乏。你們不如放棄兵權，多置辦一些良田美宅，為子孫後代留下基業。再多買些歌女舞女，日夜飲酒尋歡，以終天年。我們君臣之間也就沒有了猜疑，上下相安，這是一件多好的事啊！」

　　石守信等人這才明白過來，一個個拜俯於地，嘴裡不住稱頌太祖恩德，感謝皇上為自己想得如此周全。

　　第二天，石守信、王審琦、高懷德、張令鐸等一齊上表稱自己年老多病，要求解除兵權。

　　宋太祖欣然同意，罷去他們的禁軍職務，並多多地賞賜財物，還任命他們為節度使，可是又不讓他們到地方上赴任，只待在京城，過著只拿俸祿不管實事的悠閒生活。同時，太祖皇帝廢除了殿前都點檢和侍衛親軍馬步軍都指揮司，禁軍分別由殿前都指揮司、侍衛馬軍都指揮司和侍衛步軍都指揮司，即所謂三衙統領。太祖選了一些資歷淺、個人威望不高、容易控制的人來掌握三衙，這使得皇帝本人對軍隊的控制大大地得到了加強。

　　為了「安撫」被釋去兵權的石守信等人，太祖皇帝不僅對他們賞賜大量錢財，而且和他們「約婚以示無間」。宋太祖將寡居在家的妹妹燕國公主嫁給了高懷德，而將女兒延慶公主和昭慶公主分別下嫁石守信之子和王審琦之子，張令鐸的女兒則嫁給太祖三弟趙光美。

　　通過「杯酒釋兵權」，宋太祖成功地控制了中央軍力，可是地方上的一些擁有重兵的節度使還是不能夠讓他放心。

　　過了一段時間，宋太祖令這些節度使到京城來朝見，並在御花園為這些老臣舉行宴會。他說：「諸位都是國家的功臣，我知道藩鎮的事務現在非常繁忙，在這時候還要大家幹這種苦差事，

我心裡非常過意不去啊！」

有些節度使立馬想到石守信等人喝酒時被解除兵權的事，就非常識相地接口說：「其實我們本也沒什麼功勞，現在留在這個位子上，實在已有些不太勝任，希望陛下能夠恩准告老還鄉。」有一個節度使卻非常不知趣，不停地誇耀自己曾經立下了多少多少戰功。宋太祖聽著就皺起了眉頭，輕輕地喝道：「這些陳年老賬你現在還提它幹什麼？」

宋太祖在第二天就將這些節度使的兵權全部解除了。

兵權收歸中央以後，宋太祖還建立了新的軍事制度。如從地方軍隊挑選出精兵，編成禁軍，由皇帝直接控制；各地行政長官也由朝廷委派，等等。通過這些措施：新建立的宋王朝避免了長期的內部紛爭，開始逐漸穩定下來。

太祖誓碑：宋廷優待亡國後裔祕聞

　　一位開國皇帝在太廟裡立下誓碑，命令子孫為皇帝者，要優待前朝宗室之後裔，且不得濫殺士大夫與上書言事之人，否則天必討滅之。反映出這位統治者胸懷之寬厚，執政之仁慈，這在中國五千年歷史中幾乎是空前絕後的。

　　宋太祖會做這件事嗎？如果太祖沒有做過，那麼又是誰精心編造了這個「太祖誓碑」的故事呢？

　　據宋葉夢得《避暑錄話》記載，宋太祖於建隆三年（962年）曾密鐫一碑，立於太廟寢殿之夾室，謂之誓碑。「平時門鑰封閉甚嚴，誓碑用銷金黃幔遮蔽，任何人不得入觀。」規定太廟之門於四季祭奠和新皇帝即位時方可開啟，皇帝謁廟禮畢，必須進入夾室恭讀碑上的誓詞。屆時只有一名不識字的小黃門跟隨，其餘人員皆遠立於廟庭中，不敢窺視。皇帝行至碑前再拜，跪瞻默誦，然後再拜而出，群臣及近侍都不知所誓何事。

　　北宋各代皇帝皆如此相承行事，按時禮謁，恭讀在心，沒有洩漏。直到北宋末的靖康之變，京城被劫，太廟中祭器都被金人席捲而去，大門洞開，人們方得一睹此碑尊顏。誓碑高約七八尺，闊四尺餘，上刻誓詞三條：一為「柴氏（後周宗室）子孫有罪不得加刑，縱犯謀逆，止於獄中賜盡，不得市曹行戮，亦不得連坐支屬。」二為「不得殺士大夫，及上書言事人。」三為「子孫有渝此誓者，天必趣之。」（趣同去字）

《宋史‧曹勳傳》載，靖康末（1126年），北宋為金所滅，武義大夫曹勳隨徽宗北遷，被扣留在金國的日子裡，徽宗囑託曹勳日後若有可能回南方，讓他轉告高宗說：「藝祖（宋太祖）有誓約藏之太廟，不殺大臣及言事官，違者不祥。」李心傳《建炎以來繫年要錄》卷四也載：徽宗「又言藝祖有誓約藏之太廟，誓不殺大臣及言事官，違者不祥。」王明清《揮麈後錄》卷一也有相同記載。

　　太祖雖出身行武，卻酷愛讀書。他隨周世宗打淮南時，有人揭發他私載貨物達數車之多，檢查下來，主要是書籍數千卷，這應是他比較重視讀書人及文官的原因之一。

　　當然宋代重文抑武的主要目的是出於對武將防範的需要，他曾對趙普說：「五代方鎮殘虐，人民深受其害。我讓選幹練的儒臣百餘人，分治大藩，即便都是貪濁，也抵不上一個武將。」因為文臣不會很大地危及政權，而對其寬大仁厚可收買人心，這實在是他能進一步鞏固統治的英明之處。

　　同時，太祖在平定南方各政權的過程中，堅持不殺降王，如平定後蜀，召其國君孟超入京，有大臣密奏，請擒殺其君臣，以防生變。太祖批道：「汝好雀兒肚腸！」

　　清趙翼《廿二史札記》有「宋初降王子弟布滿中外」記載此事頗詳，這在歷代開國皇帝中是少見的。

　　宰相趙普好幾次在太祖面前說起以前不善待自己的人，意欲加害。太祖卻回答：「倘若在凡俗塵世都能認出日後的天子宰相，那人人都去尋找了。」其後，趙普再也不敢在太祖面前提起類似話題。

　　據說，太祖即位之初，見一宮嬪抱一小兒，經問知是周世宗之子。太祖問左右大臣如何處置，趙普等主張處死，潘美在旁獨

不語。太祖說：「即人之位，殺人之子，朕不忍為。」潘美才說：「我與陛下曾同為周世宗之臣，勸陛下殺之，是負世宗勸陛下不殺，陛下必定懷疑我。」太祖當即判給潘美為養子，後不再過問。宋太祖似乎可謂寬厚之君主，其豁達和自信，往往高人一籌。

趙翼《廿二史劄記》有「宋待周後之厚」談到，宋太祖登極，遷周恭帝母子於西京，易號鄭王，造週六廟於西京，命周宗正以時祭享，並派官員祭拜周太祖、周世宗之陵。建隆三年（962年），遷鄭主至房州。開寶六年（973年），鄭王過世，此距禪位已14年，而宋太祖仍素服發哀，輟朝十日，諡號恭帝，葬周世宗陵之側舊順陵。

宋仁宗時，詔取柴氏譜系，於諸房中推最長者一人，歲時奉周祀。尋錄周世宗從孫柴元亨為三班奉職，又詔每郊祀錄周世宗子孫一人。至和四年（1057年），封柴泳為崇義公，給田十頃，奉周室祀，子可襲封，並給西京周廟祭享器服。

宋神宗時，又錄周世宗從曾孫柴思恭等為三班奉職。

宋徽宗時，詔柴氏後已封崇義公，再官恭帝後為宣教郎，監周陵廟，世為三恪。

南宋時，高宗、理宗諸朝也時有封柴氏襲崇義公之爵。

可見，柴氏之受封賞幾與宋朝相始終，宋廷如此優待亡國之後裔，這在其他朝代是少有可比的。

燭影斧聲：趙匡胤身死之千古疑案

開寶九年（976年）十月，趙匡胤年滿五十，正當大有作為時，溘然長逝，死因不明，在歷史上留下了一樁疑案。

關於宋太祖之死，及與之密切相關的趙光義繼位，宋人修史諱莫如深。野史筆記偶有記載，也是眾說歧異，不是塗飾很厚，就是蒙上天命論的神祕色彩，猶如觀看透過密密樹叢漏射在苔蘚地上的點點光影，影影綽綽，人們總是疑心其中有詐。

關於太祖的死因，正史中沒有他患病的記載，野史中的記載又說法不一。有的說是因飲酒過度而暴死，有的說是因腹下腫瘡發作而病亡，更普遍的一種看法則認為太祖之死與宋太宗有很大的關係。

究竟真相如何，由於史料闕如，至今還不很清楚，但有一點肯定，就是太宗在掩飾太祖死因上做了大量的工作。太宗朝所修撰的《太祖實錄》歷經三次而無成，雖然已篡改和掩蓋了大量的真相，太宗還是不滿意。太宗對《太祖實錄》異乎尋常的關注，足以說明太宗非正常繼位的奧妙，而「燭影斧聲」也就成了千古之謎。

公元976年，宋代開國之君趙匡胤一夜之間猝然離世，他的死因，成了歷史上一宗離奇的懸案。

《續湘山野錄》中說，開寶九年十月二十，一個雪夜，趙匡胤急召他的弟弟趙光義入宮，兄弟二人在寢宮對飲，喝完酒已經

是深夜了，趙匡胤用柱斧在雪地上戳，同時說：「好做！好做！」當夜趙光義留宿寢宮，第二天天剛剛亮，趙匡胤不明不白地死了。趙光義受遺詔，於靈前繼位。

一種傳聞，是說起初太祖問卜於一個「忽隱忽現」的混沌道士：「還有幾多壽？」道士算了算命後說：「只要今年十月二十夜晴，則可延長壽命十二年，如果不是，就應當趕快籌辦後事。」太祖心中記著的這個日子到來了。

十月二十晚上，宋太祖心情緊張地來到太清閣觀望天象。開始，星光燦爛，天空晴好，太祖心中很是高興。可是，好景不長，忽然間陰雲四起，雪雹驟降。太祖見勢不妙，趕忙撤走儀仗，退閣歸寢宮，並傳掌宮鑰官啟開端門，召晉王光義入寢殿。光義入殿後，太祖屏退宦官、侍女，兄弟兩人斟酒對飲。從殿外遠遠望去，只見燭影搖動，燈影下皇弟光義不時離席，似有不可受的情狀。飲畢，三更鼓敲過，地上積雪已數寸厚。太祖皇帝步出寢閣，用柱斧戳入雪地之中，「嚓嚓」之聲清晰可聞，並聽得淒厲的喊叫：「好做！好做！」說罷，太祖解衣帶就寢，鼾聲如雷。當晚，光義沒有出宮，夜宿禁中。至五更鼓過，皇宮值夜禁衛寂無所聞，太祖猝死。趙光義受禪繼位，史稱宋太宗。

顯然，所謂「混沌道士」的預言，純屬掩人耳目的胡說八道。按照這種說法，宋太祖之死，歸於「天命」。這條真真假假的傳聞露出了一件不祥之物——斧頭，兄弟倆對飲中出現斧頭這件兇器，是何跡象？難道是宋太祖用斧頭脅逼光義繼位不成？如果不是，會不會是光義為了篡奪皇位經歷過一場搏鬥？

《燼餘錄》說，趙光義對趙匡胤的妃子花蕊夫人垂涎之久，趁趙匡胤病中昏睡不醒時半夜調戲花蕊夫人，驚醒了趙匡胤，並用柱斧砍他，但力不從心，砍了地。於是趙光義一不做二不休，

殺了趙匡胤，逃回府中。

司馬光的《涑水紀聞》，則乾脆諱言太祖死因。而關於皇位繼承問題，卻又自持一見。他說，太祖駕崩的那天夜裡，皇后守在身邊。太祖一死，她急忙派遣太祖生前得寵的宦官王繼恩傳呼太祖四子德芳。王繼恩陽奉陰違，逕自馳入開封府傳召晉王光義。光義於是隨王繼恩雪地步行入宮。宋皇后聽到繼恩腳步聲，忙問：「德芳來了嗎？」繼恩答道：「晉王到了。」

皇后一見晉王，先是一愣，接著驚呼：「我們母子之命，全托官家保護了！」晉王哭泣著說：「共保富貴，不要擔憂。」

按照史學家司馬光的記載，宋太祖臨死並沒有所謂傳位光義的遺詔。光義繼位純粹出於皇室內部爭奪皇位的陰謀和鬥爭。

另外，據說趙光義以弟弟的身分繼承兄長的帝位，是他母親杜太后的意見。說是杜太后臨終時，曾對趙匡胤說：「如果後周是一個年長的皇帝繼位，你怎麼可能有今天呢？你和光義都是我兒子，你將來把帝位傳與他，國有長君，才是社稷之福啊！」

趙匡胤表示同意，於是叫宰相趙普當面寫成誓詞，封存於金匱裡，這就是所謂的「金匱預盟」，也就是趙光義「兄終弟及」的合法根據。但是「金匱預盟」在初版的《太祖實錄》卻未見記載，在第二次編修的新錄中才被提及，因而是否確有其事，仍疑點重重。

這一切，都使人們產生了許多疑問。

一、是趙匡胤死時的「燭影斧聲」。按說宮廷禮儀，趙光義是不可以在宮裡睡覺的，他卻居然在宮裡睡覺。太監、宮女不該離開皇帝，卻居然都離開了。忙亂的人影、奇怪的斧聲，以及趙匡胤「好做！好做！」的呼喊，一一都告訴人們，這是一場事先策劃的血腥謀殺。

二、是王繼恩假傳聖旨。王繼恩有何膽量，敢違背宋皇后的旨意，本該通傳趙德芳，卻傳來趙光義？倘若事敗，不是殺身之禍嗎？

這種說法，只不過把篡位的罪過加在一個太監身上而已，同時掩蓋了弒兄的罪行。

三、是「金匱預盟」的真偽。杜太后去世時，趙匡胤只有35歲，正值壯年，他的弟弟光義23歲，太祖次子德昭11歲，四子德芳3歲。即使趙匡胤幾年後去世，也不會出現後周柴世宗遺下7歲孤兒群龍無首的局面。杜太后一生賢明，怎能出此下策？況且，「金匱預盟」是趙光義登基5年後，趙普才密奏此事，公布出來的。為什麼不在趙匡胤死時，堂堂正正公布出來呢？

還有一些疑點，也使人們對趙光義有非議。

趙光義不等到第二年，就改換年號——新君即位，常例是次年改用新年號紀年。可是趙光義把只剩下兩個月的開寶九年，改為太平興國元年。這樣打破常規的迫不及待，只有一個解釋：搶先為自己「正名」。是不是他心裡有鬼？

逼殺趙匡胤的長子趙德昭（當時已30歲），趙匡胤幼子趙德芳（當時僅23歲）隨後也神祕地暴病身亡。趙匡胤的遺孀死後，趙光義不按皇后禮儀發喪。這些都是偶然的嗎？

最讓人感到莫名其妙的是，趙光義的子孫後代卻相信他的老祖宗「弒兄篡位」的說法，把皇位又傳給了趙匡胤的後代。這裡說的是宋高宗趙構傳位的事。

據說趙構沒有兒子，誰來繼承皇位呢？大臣們議論紛紛。有一種強有力的意見是：趙匡胤是開國之君，應該在他的後代中選擇接班人。起初，趙構對這種議論嚴加貶責。忽然有一天，他又改變主意，說他做了一個夢，夢見宋太祖趙匡胤帶他到了「萬歲

殿」，看到了當日的「燭光劍影」的全部情景，並說：「你只有把王位傳給我的兒孫，國勢才有可能有一線轉機。」於是，趙構終於找到了趙匡胤的七世孫趙慎，並且把皇位傳給了他——這時離那個血腥的恐怖之夜已經有187年了。

這恰恰說明了趙構承認了祖先的罪孽，也給了趙匡胤之死一個基本的答案。

近世以來學術界大都認定宋太祖確實死於非命，但在有關具體的死因上，則有一些不同看法。如有人根據《燼餘錄》的記載，認為宋太祖與趙光義之間雖有較深的矛盾，但「燭影斧聲」事件只是一次偶然性的突發事件。即宋太祖病重熟睡之際，趙光義乘機調戲其寵姬花蕊夫人費氏，被宋太祖發覺而怒斥之。趙光義自知無法取得皇兄的諒宥，便下了毒手。

但從宋代文獻有關記載上看，此類偶發事件之說無法成立：如《宋史‧程德玄傳》記載，善醫術的程德玄甚得趙光義親信，在宋太祖臨終之夜，程德玄宿信陵坊，半夜有叩門聲，叫他急赴晉王府，於是程德玄即刻起床，未加盥洗，直接來到晉王府前，正是三更時分，卻見府門緊閉。程德玄便在門外逗留不去，不久，見內侍王繼恩疾馳而至，口稱「遺詔」來迎趙光義即位，程德玄便相從而入。待趙光義登基後，程德玄被授予翰林使。

《涑水紀聞》於此有類似記載，稱王繼恩來到晉王府門前，只見醫官程德玄坐在門外，便問原因，程德玄說：「半夜二更時，聽到有人在門外招呼我，稱『晉王召』。起床查看，卻空無一人，如此三次，我擔心是否晉王有病，便來王府。」於是二人陪伴趙光義來到皇宮，王繼恩欲讓趙光義按規定等候在直廬，程德玄便說：「必須直前而入，何待之有！」遂直接進入寢殿，迫使宋皇后拜伏。

但這一說法卻與《宋史·馬韶傳》所載有矛盾。《宋史·馬韶傳》曰，趙州平棘人馬韶諳熟天文占卜之術，與晉王、開封尹趙光義的親吏程德玄關係密切，但因當時宋廷嚴禁「私習天文」，所以程德玄便告誡馬韶不要到晉王府來。是年十月十九日半夜，馬韶忽然來拜訪程德玄，說「明日乃晉王大吉之辰，我故特意來相告。」程德玄恐駭不已，讓馬韶藏在一間密室內，急忙入稟趙光義。趙光義讓程德玄派人看著馬韶，準備向天子告發以自解。到第二天清晨，趙光義入宮中拜謁，果然受遺詔登基。於是馬韶被授任為司天監主簿。

這兩條記載雖然互有出入，但卻明確地傳遞出這樣一個信息，即晉王府上下對宋太祖之死是有所預期的。

那是什麼原因促使趙光義下此毒手？在宋代正史中，多見一直抑制趙光義集團的宰相趙普被貶官後，趙光義卻並未因此停止擴充其勢力，僅在《宋史》有關傳記中就可發現許多相關之記載，如：冀州信都人傅思讓有勇力，善騎射，為晉王府親事都校；青州人李斌，以狀貌魁偉被召入晉王府；相州人劉用曉音律，善騎射，被召入晉王府；博州高唐人張遜為宰相魏仁浦的養子，被晉王召隸帳下。

而在宋初筆記《清異錄》中更記載說：當時開封尹趙光義外出時，其羽儀散從燦如圖畫，京師百姓驚嘆道：「好一條軟繡天街！」這種情況頗讓宋太祖憂慮，故有宋太祖欲遷都西京洛陽以避開封城中趙光義勢力之說法。又在是年春天，吳越國王來開封朝覲，宋太祖一反常態，未派趙光義，而讓從未在重大政治場合拋頭露面的兒子趙德昭出城迎接，並讓另一子趙德芳出席接風宴會。而在宋太祖巡察西京洛陽時，也一反此前自己離開京城時命令趙光義留守的慣例，而讓趙光義隨從自己而行，大概存有自己

離京時,羽毛豐滿的趙光義會有什麼不測舉動的擔心。但宋太祖對此提高警惕,也將會造成趙光義的不安,於是就發生了宋太祖突然去世,趙光義如願登上了皇帝寶座之事。

北宋筆記《楊文公談苑》中記有一件表面看來頗為荒唐的事情,卻可從中發現趙光義為篡位借助神鬼之言進行輿論宣傳之蛛絲馬跡。此外還有許多傳說。例如趙匡胤召道士陳摶(希夷)入朝,詢問壽命幾何。還有說是趙匡胤生一背疽,苦痛得不得了,光義入視,突見有一女鬼,用手捶背,他便執著柱斧,向鬼劈去,不意鬼竟閃避開去,那斧反落在疽上,疽破肉裂,趙匡胤忍痛不住,遂致昏厥,一命嗚呼。

對於荒誕不經的傳說,讀者大可付之一笑。對尚有疑惑的,讀者宜仔細考慮,以索其真。雖然這一千古之謎永遠不會有唯一的答案,但聰明者當見仁見智,從各種說法中窺探一下宮廷的內幕及政壇風雲,以增見智。

宋太祖生逢亂世,不甘沈淪,砥礪奮發,角逐爭雄,總以介冑武士,躍登帝王之尊。建國以後,在位17載,籌劃一統,先南後北,蕩平割據,統一天下,畢竟成功;掃除五代弊政,重文抑武,強幹弱枝,事權歸一,號令征伐自天子出,一變君弱臣強為君強臣弱,從而奠定了兩宋三百餘年基業,撥亂致治,雄視一世,功不可滅。

傳聞異辭,實難定一。不管信與不信,關於宋太祖之死,歷史留下的記載,不出「燭影斧聲,千古之謎」八個字;是非曲直,不外乎皇室內部權力再分配的鬥爭。

宋太宗趙炅

金匱之盟陰謀深

　　宋太宗（939年—997年）趙炅，本名趙匡義，後因避其兄宋太祖諱改名趙光義，即位後改名炅。在其兄弟中，除去早夭者，太宗排行居中，比太祖小12歲，比秦王趙廷美大8歲。22歲時，參與陳橋兵變，擁立其兄趙匡胤為帝，曾參與太祖統一四方的大業。太祖駕崩，38歲的趙光義登基為帝，是為太宗，在位共21年（976年—997年），59歲去世，是宋朝的第二個皇帝。

　　太宗即位後，繼續進行始於後周周世宗時的統一事業，力圖改變武人當政的局面，確立文官政治。這些措施順應了歷史潮流，為宋朝的穩定做出了重要貢獻。但是因為急功近利，幾次北伐攻遼都受挫，太宗轉而執行守內虛外的政策。晚年政治大計循規蹈矩，使宋朝漸漸形成了「積貧積弱」的局面，給宋代社會的發展也帶來了不利的影響。

　　總之，太宗時期，基本實現了統一，經濟有所發展，文化事業大有發展，政治上大致沿襲了太祖時期的政策，使整個社會依然呈現出向前發展的勢頭。但是，太宗改變了太祖的邊防政策，在軍事方面處置失措，因繼位問題而造成的統治危機，不僅喪失了軍事優勢，而且引發了財政危機，從而開始形成積弱積貧之局面。可以說，對於北宋社會的發展，太宗是功過參半的。

金匱之盟：迷霧重重

趙光義之所以當了皇帝，有人說是趙匡胤遵從了母親杜太后的遺願而傳位的。大家都知道趙匡胤是一個大孝子，又以孝道治天下，所以，這種說法在群眾當中也有一定的市場。

據說，趙匡胤和趙光義的生母杜太后十分疼愛趙光義，也十分信賴趙普，常常告誡趙光義要和趙普多交往，多向他學習。這為以後的「金匱預盟」之說埋下了伏筆。

據說杜太后在臨終前，曾經把趙匡胤和趙普叫到面前囑咐後事。這件事情發生在宋太祖即位的第二年。當時，杜太后曾問趙匡胤：「汝知所以得天下乎？」意識是說：「你知道自己怎麼得到天下的嗎？」

趙匡胤流著眼淚，嗚咽著沒有回答。杜太后接著又說：「吾自老死，哭無益也。吾方語汝以大事，爾但哭耶？」意思是說：「我這是自然死亡，沒有必要哭泣。我想找你說一件大事情，但你卻哭哭啼啼，能別哭了嗎？」接著又問了一遍，趙匡胤才說請母親吩咐後事吧。

杜太后說：「正由柴氏使幼兒主天下，群心不附故耳。若周有長君，汝安得至此？汝與光義皆我所生，汝後當傳位汝弟。四海之廣，能立長君，社稷之福也。」意思是說：「後周皇帝柴榮讓自己未成年的兒子當皇帝，群臣不服，所以你能乘機當了皇帝。如果後周的皇帝年長，你能當得了皇帝嗎？你和趙光義都是

我生的,你以後傳位的話,就傳給你的弟弟。天下之大,能有年長的人當皇帝的話,是國家的福氣。」這番話就為趙光義當皇帝進行了合法性的辯護,趙匡胤遵守孝道,傳位給自己的弟弟,也無可厚非。

趙匡胤含著眼淚聽完了母親的話,並磕頭保證一定聽從母親的教導,杜太后回頭對站在一旁的趙普說:「你要把我說的話記錄下來,不可違背。」趙普就在杜太后的床前,記錄了趙匡胤的誓言,在紙的最後署上「臣普記」三個字。太祖把這份誓書藏在一隻金匱裡,命令人嚴加保管。

這就是「金匱之盟」的來龍去脈,為趙光義當皇帝進行了辯護,也證明他是正當登上皇帝位置的,後人對此不應當懷疑。但是,這種說法,遭到了很多人的質疑。民間傳說,趙光義即位不當,是靠陰謀詭計奪得了帝位,後來,趙光義就成了一個陰險毒辣的小人,其中「斧聲燭影」就是負面新聞的最好證明。

關於「金匱之盟」的敘述也有多種說法。

首先,當事人不同。司馬光在《涑水記聞》中稱趙光義不在現場;真宗咸平元

宋太宗

年（998年）重修的《太祖實錄》說趙光義也參與顧命；王禹偶所著的《建隆遺事》則說趙光義和趙光美都一起聆聽杜太后臨終遺言；李燾的《續資治通鑑長編》認為，當事人只有杜太后、趙匡胤和趙普。

其次，杜太后的遺言不盡相同。《宋史‧后妃傳》中記載「將皇位傳給你弟弟。」《涑水記聞》中記載「應當把帝位按次序傳給你的兩個弟弟及兒子。」《宋史紀事本末》則說「應傳位給光義，再由光義傳給光美，光美傳給德昭。」《續資治通鑑長編》則稱「你與光義皆是我親生，應傳給你弟弟。」（難道光美不是杜氏親生？）

不同的記載給人們留下種種疑問，而「金匱之盟」本身又存在種種破綻。

其一，「金匱之盟」的時間是961年。杜太后臨終時，趙匡胤年僅35歲，德昭11歲。杜太后難道希望趙匡胤早點死去嗎？如果不是，何以有「不用幼兒而立長君」之語？若用常理推斷，趙匡胤死時，兒子必已長大成人，豈能與柴氏幼子相提並論。杜氏的言語顯然說不通。

不過，這一點似乎可用下列理由推翻：杜太后寵愛趙光義，但又不好找理由，所以故意說出這些話來，逼迫趙匡胤死後將皇位傳給光義。

其二，大宋王朝建立剛剛一年，杜太后也不過剛從一個家庭婦女躍升為太后。如果說她有智謀，可以令人相信，但如果說杜太后干預政事，竟可以一手促成「皇位繼承」這種王國第一件大事，就有點神乎其神了。杜太后是什麼人？她是呂后，是武則天，是慈禧？不，杜太后就是杜太后！

其三，出示「金匱之盟」的時間大有問題。為什麼趙普不在

趙光義初即位時出示，而是在太平興國六年（981年），在趙匡胤已死去五年，趙光義想要清除反對派時，趙普才出示祕密？難道說趙普疏忽了嗎？與其這樣說，還不如說趙普根本不知道「金匱之盟」是何等重要。這顯然說不通。

另外，「金匱之盟」出示前後，趙光義對趙普的態度大轉彎也值得仔細推敲。本來，趙普與趙光義為爭權產生很大的矛盾。雖說趙普被罷相出鎮河陽時，曾上書趙匡胤，說：「皇弟光義，忠孝兼全，外人謂臣輕議皇弟，臣怎敢出此？且與聞昭憲太后顧命，寧有貳心？知臣莫如君，願賜昭鑒。」但這封奏書被趙匡胤藏於金匱之中，外人不能得知。它的公開面世是與「金匱之盟」一起出現的。那麼，是不是趙普暗做的手腳呢？

趙光義對趙普的態度顯然不怎麼樣。他曾對人說：「如果趙普還做宰相，朕不能坐皇位。」還說：「趙普向來與朕有不足，眾人所知。」但是，當趙普獻上「金匱之盟」的厚禮，使趙光義之得位變得名正言順後，趙光義馬上來個大轉彎改變了態度，對趙普說：「人誰無過，朕不待五十，已盡知四十九年非矣。從今以後，才識卿忠。」

在太平興國三年（978年）始修、五年（980年）成書的《太祖實錄》（《舊錄》）中隻字不提「金匱之盟」。難道是史官們忘了嗎？如果真的有，這樣關於一國命運的大事能被忘掉？後來，趙光義重修《太祖實錄》，才在裡面記載「金匱之盟」的內容。

趙光義即位之後，不過二個月，便迫不及待地改元為太平興國元年。自古以來，新皇帝若非篡位，均以次年改元。趙光義為此付出了很大代價，他曾回顧道：「即位之始，覽前王令典，睹五代弊政，以其習俗既久，乃革故鼎新，別作朝廷法度。於是遠近騰口，咸以為非。至於二三大臣，皆舊德耆年，亦不能無異。

朕執手堅固，靡以動搖，晝夜孜孜，勤行不怠。」

據《遼史‧景宗本紀》記載：「宋主匡胤殂，其弟炅自立。遣使來告。」何以稱「自立」？這又是對「金匱之盟」的一大否定。「金匱之盟」是否是趙光義為鞏固統治而與趙普商議的一個計謀？我們唯有從歷史中去尋找答案了。

宋真宗之後六位皇帝皆為宋太宗的子孫，而宋太祖暴死，其兩個兒子此後也不明不白去世，宋太祖的後嗣漸漸流落民間，從而引起世人的不平，故許多有關宋太祖的祕聞故事，如「金匱之盟」、「燭影斧聲」之類，在民間廣為流傳。

到南宋初，社會上竟流傳著這樣一則頗為荒誕的說法，即在北宋末年率領女真鐵騎攻陷北宋京城開封的金軍元帥斡離不，擄掠欽、徽二帝北歸，並將宋太宗的子孫幾乎屠殺殆盡，而見過斡離不的宋人卻驚異地發現，斡離不的容貌非常像宋太祖，於是便有斡離不為宋太祖轉世之傳說，以此來復仇。在如此大背景下，因南宋第一位皇帝宋高宗趙構由於意外而喪失了生育能力，未有子嗣，故在皇位繼承問題上，大臣們議論紛紛，於是「金匱之盟」的餘波再次顯現，迫使宋高宗選擇宋太祖的後嗣，將宋太祖七世孫趙慎作為自己的皇位繼承者，是為宋孝宗。此後，宋朝皇位又自宋太宗一系，回到了宋太祖這一系。

人格變態：百般侮辱小周后

在南唐被滅亡後，後主李煜及小周后被宋軍押解至開封，過著與犯人相差無幾的囚禁生活。李煜與小周后恩愛相親，但小周后卻常常被宋太宗召進宮內，一住就是好多天，李煜的人格受到極大的侮辱。李煜被宋太宗毒死後，小周后帶著纏綿哀怨也離開了人間。這是一個怎樣的悲劇？

李煜18歲那年就結了婚，妻子是南唐開國老臣周宗的長女、19歲的娥皇。兩人婚後恩愛無比，如膠似漆的情感有增無減，生了兩個活潑可愛的兒子。可惜好景不長，結婚10年後的一天，娥皇突然病倒，久治不愈。娥皇死後，小周后就代替自己的姐姐與李煜生活在一起了。

975年，北宋向南唐發動了全面進攻，李煜為了不使金陵成為塗炭戰場，按照宋兵的要求，率領王公后妃、百官僚屬在江邊碼頭集結，登上宋船北上。

宋太祖趙匡胤不明不白地死後，趙光義稱帝。最使李煜痛苦的是，「江南剩得李花開，也被

李後主

君王強折來。」小周后跟他降宋後雖然被封為鄭國夫人，但李煜卻連自己皇后也無力保護。宋太宗常召小周后和其他南唐官夫人一道入宮陪宴侍寢，一去便是多日，使得一往情深的伉儷，咫尺天涯，難以相聚。小周后每次入宮歸來，都要撲在李煜的懷中，向他哭訴宋太宗對她的無恥威逼和野蠻摧殘，為了李煜的安全，小周后只能滿足宋太宗的任何要求。

李煜望著小周后那充滿屈辱和痛苦的淚眼，唉聲嘆氣，自慚自責地陪著她悄悄流淚。還能有什麼辦法？他深為自己無力保護愛妻的身心而內疚，更對宋太宗的殘忍而憤恨。但這個時候，南唐君臣的命運操縱在他人手裡，李煜對親人遭受的這種難以啟齒的凌辱也就無能為力了。他除了強忍心靈深處創傷的劇痛，長時間同小周后抱頭飲泣之外，只有強壓怒火，加以迴避。每次小周后應召入宮，李煜就失魂落魄，坐臥不寧，徹夜難眠，望眼欲穿。小周后巧笑顧盼的可愛形象，總是如夢似幻般地縈繞在他的眼前。尤其是暮春之夜，他惆悵無言，倚枕遙望宮殿。

想念之中，窗外似乎又響起了他熟悉的小周后夜歸的腳步聲。他趕緊起身，憑窗環顧深院，卻不見小周后飄飄欲仙的倩影，只有滿地落紅。隨手拈筆，即成一首《喜遷鶯》：「曉月墜，宿雲微，無語枕頻倚。夢回芳草思依依，天遠雁聲稀。鶯啼散，餘花亂，寂寞畫堂深院。片紅休掃盡從伊，留待舞人歸。」

從金陵的安富尊榮的享樂生活，到開封的蕭索淒涼，李煜和小周后滿腔都是悲憤和怨恨。978年的乞巧節，這天恰好是李煜的42歲誕辰，后妃們為李煜拜壽，她們在庭院中張燈結彩，備置幾案，擺上酒食瓜果。這天月色朦朧，大家的心突然感到無比茫然和淒涼。

酒過三巡，淪落在異鄉受人凌辱到幾乎麻木的李煜勾起了對

不堪回首諸多往事的苦思苦戀，想到自己的家山故國早已物是人非，巨大的失落感就使得他心力交瘁，無窮無盡的愁恨，就像泛著春潮的大江流水，在他的胸膛裡翻滾激蕩：「問君能有幾多愁？恰似一江春水向東流。」

李煜這邊又是牢騷又是情緒激昂的填詞，消息傳到了趙光義的耳中，他暴跳如雷，宋朝的皇帝怎麼能容忍亡國之君在大宋京師懷念故國？於是決定除掉李煜。他知道自己的弟弟趙廷美與李煜過從甚密，於是他讓毫不知情的趙廷美代表他前去祝壽，並賜一劑「牽機妙藥」，李煜服下後當即中毒身亡。

李煜死於非命之後，小周后失魂落魄，悲不自勝。她整日不理雲鬢，不思茶飯，以淚洗面，終因經不起愁苦與驚懼的折磨也於當年離開了人世。

小周后雖然悲慘地死了，但她卻為後世文人墨客留下了一個吟詠愛情題材的美好形象。直到清代，還有人在作畫吟詩，贊美她與李煜的那段浪漫往事。

異想天開：宋太宗改琴祕聞

據傳說琴是古代伏羲氏所製，最初只有五根弦，周朝初期增為七根弦，所以有的古書中稱它為「七弦琴」。

北宋太平興國年間，朱文濟彈琴為天下第一，他在皇帝身邊任「琴待詔」。所謂「待詔」，就是奉命為皇帝服務的人。

有一天，宋太宗趙光義召見朱文濟和另外一個琴待詔蔡裔。他對朱文濟等人命令道：「你們要把七弦琴改為九弦，然後拿來給我聽！」

蔡裔唯唯諾諾，連連附首稱是。

朱文濟卻認為不可，他恭敬地對宋太宗說：「皇上，請恕奴才多言。想當初伏羲氏造五弦琴，在彈樂曲時尚有多餘的音用不上。現在，要是在七弦琴上再增加兩根弦，實在沒有多大的必要。」

宋太宗聽罷勃然大怒，想不到一個小小的待詔，竟敢當著眾人的面，違抗聖命！「不錯，古時候琴是五弦，但周文王、周武王各增添了一根，變為七弦。現在我要將琴再增加兩根弦，使之成為九弦又有何不可？誰敢反對我的意見，就給我從宮中滾出去！」說罷，宋太宗手一揮，回了後宮。

蔡裔按照宋太宗的命令，把「七弦琴」改成了「九弦琴」。宋太宗於是命令朱文濟用新製的九弦琴為近臣們演奏新曲。朱文濟迫不得已，只好用其中的七條弦演奏了一曲傳統琴曲。那些聽

眾還以為果真是用新琴演奏的新曲。不懂裝懂的宰相為了向皇帝獻殷勤，故意問道：「此新曲何名？」朱文濟卻老實地回答：「古《風入松》也！」給了權貴們極大的諷刺。

蔡裔奉迎皇帝，得到賞賜，但朱文濟仍「執前論不奪」，表現了他「性沖淡，不好榮利」的藝術家的品格（《琴史》）。

以後各代皇帝也仿效宋太宗，想出不少改製琴的花樣，從一弦琴、二弦琴……到九弦琴等，這些不切實際改製的琴只能用在典禮祭祀之中，並不為琴界所接受。這架御用九弦琴從來就沒在民間露過面，更沒有傳下來。宋太宗異想天開，想與文王、武王齊名的夢想終究是夢想。

宋仁宗趙禎

瘋瘋癲癲說昏話

宋仁宗趙禎，初名受益，是宋真宗的第六子，生於大中祥符三年（1010年）。大中祥符八年封壽春郡王，天禧二年（1018年）封升王，立為太子，賜名趙禎。乾興元年（1022年）即位，時年13歲，由劉太后垂簾聽政，明道二年（1033年）太后死，始親政。北宋第四代皇帝。在位42年，是兩宋時期在位時間最長的皇帝。1063年病死開封，享年54歲。其陵墓為永昭陵。諡號體天法道極功全德神文聖武睿哲明孝皇帝。

仁宗早年生活在養母劉太后陰影之下，作為一個守成之君，能守祖宗法度，性情文弱溫厚，在位時候宋朝進入鼎盛，但也是衰落的起點。在位後期，官僚膨脹，對外戰爭屢戰屢敗，雖然西夏已向宋稱臣，但已經出現經濟危機。而且，還有南蠻叛亂、交趾之亂。後來雖有「慶歷新政」，但尚未成功。其武功謀略不及太祖，在與西夏王朝的長期對峙中表現平平，軍事上處於弱勢地位。然而，仁宗知人善任，也想解決當時社會存在的諸多弊端，提拔重用了一大批對當時和後世都產生重大影響的人物，因而其在位時期名臣輩出。

總體而言，仁宗算是一個有作為的皇帝。他的一生充滿了悲劇色彩，但其中也不乏悲天憫人的情懷。

狸貓換太子：趙禎身世大揭祕

關於趙禎的身世，有一種至今流傳的說法，這就是「狸貓換太子」的故事。開封府尹包拯外出巡視，一天在路上，突然被一陣怪風吹落了帽子。包公感到這風來得蹊蹺，就隨飛滾的帽子追去，來到一座破窯前。窯中住著一位雙目失明的老婦人，衣衫破舊，面容憔悴，行動中卻隱隱透出一些宮廷風範。

包公上前問候，並報出姓名。老婦人得知來者是當朝鐵面無私的「包青天」時，不由得淚流滿面，喊出一聲：「包卿，可要為奴家申冤啊！」這聲叫得包公大驚失色，這「包卿」豈是普通人可隨便叫得的？仔細詢問後得知，老婦人實為當今天子宋仁宗的親生母親，宋真宗的李宸妃。因為給真宗生下皇子，卻被生不出兒子的劉皇后調包奪走，劉皇后勾結太監郭槐，買通接生婆，用剝去皮的狸貓換出皇子，誣李宸妃生下怪胎妖孽，打入冷

宋真宗

宮加以陷害，要將李宸妃治罪。多虧宮人冒死相救，李宸妃才得以逃出深宮，隱姓埋名，流浪顛簸至今。

包公開始半信半疑，老婦人取出當年真宗留給她的玉佩，包公見是宮中之物，才知老婦人所言不假，可憐她身為國母，卻母子不能相認。於是包公將老婦人帶回京城，設計使仁宗認母，並懲辦了此案的郭槐等惡人。

自宋朝以來，由於小說、戲劇等各種為人們喜聞樂見的藝術形式的演繹，仁宗生母之謎日益鮮活生動，備受世人關注。儘管歷朝歷代增加、刪改了不少或虛假或真實的內容，而且，戲曲和小說中情節也不盡相同，然而，這一故事本身就是一件大案。

仁宗究竟是真宗後劉氏之子，還是妃子李氏親生，無論是小說，還是戲曲，幾乎眾口一詞，認定仁宗是李妃所生，而非劉皇后之子。

傳聞畢竟不是事實。據可靠資料記載，真宗病危時，唯一不放心的就是自己年幼的兒子，生怕皇位落入他人之手。他最後一次在寢殿召見了大臣們，宰相丁謂代表文武百官在真宗面前信誓旦旦地作出承諾，皇太子聰明睿智，已經做好了繼承大統的準備，臣等定會盡力輔佐。更何況有皇后居中裁決軍國大事，天下太平，四方歸服。臣等若敢有異議，便是危害江山社稷，罪當萬死。這實際上是向真宗保證將全力輔佐新皇帝，絕不容許有廢立之心。真宗當時已經不能說話，只是點頭微笑，表示滿意。

事實上，真宗晚年，劉皇后的權勢越來越大，基本上控制了朝政，再加上宰相丁謂等人的附和，因而真宗的擔心並非毫無道理。真宗留下遺詔，要「皇太后權同處分軍國事」，相當於讓劉后掌握了最高權力。

這樣，仁宗就在養母的權力陰影下一天天長大。劉太后在世

時，他一直不知先皇嬪妃中的李順容就是自己的親生母親。這大概與劉太后有直接關係，畢竟她在後宮及朝廷內外都能一手遮天。在這種情況下，恐怕不會有人冒著生命危險告訴仁宗身世祕密的。

明道二年，劉太后病逝，仁宗剛剛親政，這個祕密也就逐漸公開了。

至於是誰最早告訴仁宗實情的，現在已很難弄清楚，凡是那些與劉太后不和的人均有可能向仁宗說明真相，但可能性最大的當是「八千歲」皇叔趙元儼和楊太妃。

趙元儼自真宗死後，過了10餘年的隱居生活，閉門謝客，不理朝政，在仁宗親政之際，趙元儼突然復出，告以真相，應該是情理之中。

楊太妃自仁宗幼年時期便一直照料其飲食起居，仁宗對她也極有感情，在宮中稱劉后為大娘娘，呼楊太妃則為小娘娘，楊太妃在那樣的政治環境中說出實情也是極有可能的。無論如何，仁宗終於了解自己的身世了。

廢后風波：郭皇后暴薨之謎

據記載：天聖初，故曉騎衛上將軍張美曾孫女與郭氏同入宮，尚未親政的宋仁宗屬意張氏，但臨朝主政的劉太后（劉娥）立郭氏為后。

天聖二年（1024年），郭氏被立為皇后之後，她仗著劉太后而飛揚跋扈，嚴密監視宋仁宗的行蹤，使他不得親近其他宮女妃嬪，宋仁宗心中十分憤怒，卻不敢明言。及劉太后駕崩之後，宋仁宗也不再理會郭皇后，這使她寂寞難耐，醋意大發。

後宮中，仁宗比較寵愛尚美人和楊美人，而郭皇后卻不時與她們爭風吃醋。一次，郭后與尚氏同在仁宗前侍談，沒說幾句，又起口角。尚氏恃寵不肯相讓，並當著仁宗的面譏刺郭后，郭后氣憤之極就跳起來打尚氏的面頰。仁宗看不過去，起座攔阻，不料郭后已經出手，而尚氏閃過一旁，一巴掌正打在仁宗頸脖之上，指尖銳利，搯成兩道血痕。

一怒之下，仁宗決定廢黜郭后，遂找宰執近臣商量。宦官閻文應給仁宗出主意，讓仁宗將頸脖上的傷痕給執政大臣們看，以取得他們對廢后的支持，仁宗也照著做了。

宰相呂夷簡與郭皇后有隙，聽說郭皇后誤打宋仁宗之事，便讓諫官范諷乘機進言：「后立已有九年，尚無子，義當廢。」呂夷簡則在一旁隨聲附和。而群臣的言論不一，宋仁宗反而拿不定主意，廢皇后畢竟是一件大事情。

右司諫范仲淹說：「皇后不可廢，宜早息此議，不可使之傳於外也。」

過了一段時間，宋仁宗在呂夷簡的遊說之下，定下了廢后決心。呂夷簡為了達到廢掉郭皇后的目的，竟然下令台諫部門不能接受諫官的奏疏。

明道二年（1033年），宋仁宗頒下了詔書，說：「皇后以無子願入道觀，特封其為淨妃、玉京衝妙仙師，賜名清悟，別居長寧宮以養。」

於是中丞孔道輔、諫官御史范仲淹、段少連等十人伏閣言：「后無過，不可廢。」孔道輔等俱被黜責。景祐元年（1034年），被廢的郭后又出居瑤華宮。而尚、楊二美人越發得寵，一有機會就纏著仁宗，幾乎每晚都共同陪侍上寢。

為此，仁宗搞得聖體疲乏，或累日吃不下飯，不久一場大病，數天不省人事，內外憂俱。朝臣們私下議論，認為主要是二美人侍寢過於殷勤之故，楊太后（即真宗時的楊淑妃）與內侍閻文應輪流勸說仁宗，貶逐二美人以保重龍體，仁宗無可奈何之下只得點頭同意，閻文應便把二美人用車送出後宮。

次日傳出詔旨：尚美人出家為道士，楊美人出為尼姑（一說別宅安置）。九月，立大將曹彬的孫女為皇后。

一天仁宗身體康復後，遊覽御花園，見到郭后原來乘過的轎子，**觸景生情**，黯然淚下，頗有悔意，作《慶金枝》詞一首，派內侍給郭后送去。郭后見詞也覺傷心，答和一詞，淒涼哀婉，動人情懷。仁宗看後頗為感觸，又派人告之有重召郭后回宮之意。郭氏一想到被廢時的情景，頓感萬分屈辱，表示若再受召回宮，必得百官立班受冊方可。

呂夷簡、閻文應聽到此消息，大為吃驚，兩人在仁宗面前說

過郭后的許多壞話，擔心郭后回宮將對自己不利。恰好郭氏得病，仁宗派閻文應帶太醫前去診治，幾天後，郭氏暴卒。

郭后的暴卒，當時就引起不少傳言。

有人懷疑是呂夷簡、閻文應所害，認為二人力主廢后，與郭后已勢不兩立，而仁宗欲召郭后回宮復位，這必定造成二人心理上的恐慌，從而採取措施將郭后害死。

還有消息說，閻文應在帶太醫診治郭后的過程中，故意用藥引發其病，使其病體加重而亡或說是閻文應乘機進毒，致郭氏暴亡。

甚至有人傳言，郭后在病體加重，但尚未斷氣之時，閻文應就向仁宗報告郭氏病亡的消息，然後急忙用棺木收斂。

當時有諫官王堯臣等人對此反常現象提出疑問，要求重新察驗郭后的病歷起居記錄，但仁宗不同意，最後只得不了了之。

史載，仁宗得知郭氏病亡，「深悼之，追復皇后」，卻不加謚號，也不行附廟之禮，仍葬於佛舍而已，這一做法也是夠奇怪的。聯繫前面仁宗並不深究郭氏暴卒的原因諸事，也讓人看不懂。就是說，郭后究竟在仁宗心目中是個什麼地

宋仁宗

位,其實也是一個謎。

後來,范仲淹回朝任天章閣待制,他雖提不出什麼過硬的證據,但始終認為郭后之死應與宦官閻文應有關,閻帶醫就治郭氏小疾,幾天後暴卒,起碼有失職之咎,於是上書彈劾,閻文應終於被貶逐嶺南,死在路上。

呂夷簡對此事頗感不快,就遞過話來:「待制乃是侍從之任,不是口舌之任。」言外之意讓他閉嘴。

范仲淹卻反擊道:「向皇帝進言,正是侍從所應做的!」范仲淹雖對呂夷簡也有看法,但拿不出任何有關憑據,後在揭發呂夷簡存在結黨營私諸行為的鬥爭中,又被貶出朝廷,出知饒州。

總之,前面懷疑呂夷簡、閻文應加害郭后的種種說法,應該說都只是社會傳言,而沒有多少真憑實據,因此郭氏之死留下一個永久的疑問。

索字爭寵：鏟除心腹太監祕聞

宋仁宗趙禎是宋朝的第四位皇帝，他做了皇帝後，雖勤於政事，卻沒有放棄自己以前的業餘愛好──繪畫，處理完政事後，依然喜歡拿起畫筆畫上幾筆。

趙禎最喜歡畫的是馬，閒暇的時候，他總是不斷地畫馬。當時，許多大臣和太監紛紛收藏他畫的馬，期待以後能增值。

趙禎的老師也向趙禎求一張馬圖，趙禎笑著說：「我怎麼能給老師一匹馬呢？我給老師寫幾個字吧。」說完，就寫了「寅亮天地弼予一人」八個大字給了老師。

別的大臣知道了這件事，紛紛向趙禎的老師道賀。

趙禎的身邊有一個太監，叫周懷政，趙禎做太子時，曾經開玩笑地喊周懷政為「哥哥」。周懷政覺得自己跟趙禎的關係非常好，那天，他聽說趙禎給老師寫了幾個字作為賞賜，為顯示自己在趙禎面前非常吃得開，周懷政也請趙禎給他寫幾個字。

趙禎笑了笑，說：「我給你畫一匹馬，行嗎？」

周懷政忙說：「我想要您寫的幾個字！」

趙禎皺了皺眉頭，拿起筆給周懷政寫了「周家哥哥斬斬」幾個大字。

周懷政看了，大為驚慌，可是，轉念一想，覺得這是趙禎在和自己開玩笑。他想，自己跟趙禎的關係這麼好，趙禎不會斬殺自己的。

於是，周懷政收好了「周家哥哥斬斬」這幾個字。

不料，趙禎寫的「周家哥哥斬斬」，後來真的把周懷政推上了斷頭台。

周懷政為了個人私慾，竟然要謀殺宰相，陰謀敗露後，周懷政被捉，被定為死罪。

在監斬台上，監斬官宣讀了當初趙禎寫的「周家哥哥斬斬」，然後對周懷政說：「你身為太監，自恃侍候太子有功，竟然敢和國家大臣爭著炫耀自己，其實，這幾個字早就說明了你必被斬殺，你卻執迷不悟，真是死有餘辜！」

周懷政只好慘笑著說：「我當初若是要一匹畫的馬就好了，我好糊塗呀！」

周懷政死後，趙禎有很長一段時間不再畫馬。

昏不知人：趙禎為何屢屢不豫

在封建社會中，皇帝是天下之主，皇帝的健康狀況受到臣民的關注。皇帝既貴為天子，其生老病死也都不能像普通百姓那樣直接說出來，而是另外找些字眼來表示，如以誕育表示出生，以駕崩表示逝世，其中表示重病的詞很奇特，稱「不豫」。

在宋朝歷史上，仁宗是在位時間最長的皇帝，同時也是「不豫」次數最多的皇帝。

在朝臣的印象中，仁宗皇帝的身體一向欠佳。打從年輕時起，就時常患病不起，而且每次得病或是昏迷，或是陷入莫名其妙的瘋癲狀態。親政的第二年夏天，皇帝就有很長一段時間病臥於床，吃什麼藥都不見效，皇上的姑姑魏國長公主著了急，推薦翰林醫學許希，冒險針刺「心下包絡之間」，方才病愈。

據內侍與近臣反映，那次「不豫」和仁宗縱慾過度有關，適逢郭皇后被廢，新皇后未立，唯一能管住皇帝的劉太后又剛剛故去，仁宗如出籠之鳥，成天被一群嬪妃包圍，尤其是尚美人和楊美人「每夕侍上寢」，搞得皇上氣色失常。

當時的左司諫滕宗諒斗膽進言，批評，「陛下日居深宮，流連荒宴，臨朝多羸形倦色，決事如不掛聖懷。」因語太切直，讓皇帝有點下不了台，被出知信州。

還有一個南京留守推官石介，寫信給樞密使王曾，稱：「正月以來，聞既廢郭皇后，寵幸尚美人，宮廷傳言，道路流布。或

說聖人好近女室,漸有失德。自七八月來,所聞又甚,或言倡優日戲於前,婦人朋淫宮內,飲酒無時節,鐘鼓連晝夜。近有人說聖體因是嘗有不豫。」為了徹底治好皇上的病,太監與執政大臣聯手,最後將尚、楊二美人轟出宮去。

至和年間,仁宗又一次「不豫」。據當時人描述「昏不知人者三日」。

病愈後仁宗回憶說,昏睡中夢見自己走入一片荊棘,走著走著就迷路了,後來「有神人被金甲自天而降」,用車將他送回。仁宗在登車前問神的姓氏,神告訴他:「臣所謂葛將軍者。」仁宗不忘這位將他從病魔中解救出來的神人,特意讓人查閱了《道藏》,果然有一位葛將軍,專主天門事。仁宗於是下詔在大醮儀中增設其位號,並為他立廟。

這次患病雖然好了,但在很長一段時間裡,仁宗不講話了,每逢臨殿御朝,端坐御榻之上,無論朝臣說什麼,始終不答話,猶如一具木偶。大臣奏事,同意就點頭,不贊成就搖頭,直令眾臣疑心皇上是否失語了。好在那幾年天下太平,時和歲豐,沒什麼大的亂子,朝中又有文彥博、富弼等相繼任相,盡心輔佐,一切政事也都料理得井井有條。

仁宗最嚴重的一次「不豫」,發生在至和三年(即嘉祐元年,1056年)正月,那一回皇帝可算是丟盡了臉。

正月初一,京城文武百官踏著皚皚白雪,徐徐步入大慶殿,參加一年一度的元日大朝會。然而,誰都沒有想到的事情發生了。當百官就列,左右內侍剛剛捲起幃簾時,只見頭戴冠冕的仁宗皇上突然歪倒一旁,內侍連忙將幃簾放下,扶起皇上,有的用手捏住皇上的人中,少頃,仁宗皇帝看來無大礙了,於是重新捲起簾子,百官依次行禮,徐徐退下。

初五，47歲的皇上在紫宸殿設宴，款待前來賀元旦的契丹使臣。宰相文彥博手捧酒觴登階為皇上賀壽，仁宗望著宰相，卻道：「不高興嗎？」文彥博見皇上這副模樣，知道病未痊愈，倉促間不知說什麼好。

次日，契丹使臣入宮辭行，仍置酒宴於紫宸殿，使臣剛剛走到庭中，仁宗皇帝突然喊道：「速召使節上殿，朕幾乎不相見！」左右內侍見皇上語無倫次，慌忙扶入禁中。文彥博派人對契丹使臣說：「昨晚皇上飲酒過多，今日不能親臨宴席了，由大臣在驛館設宴，代授國書。」

文彥博等兩府大臣留宿殿中，久久不得消息，便喚來內侍都知史志聰、鄧保吉詢問皇上病狀。史志聰等人卻稱禁中之事嚴密，不敢泄露。

文彥博大怒，斥責道：「皇上突然得病，關係到社稷安危，只有你們這些人能夠出入宮禁，豈可不令宰相知天子起居，安的什麼心？從現在起，聖上病情是加重還是減輕，必一一告訴我們！」接著，文彥博叫來直省官，說道：「引都知等去中書，立軍令狀，今後禁中事如不告兩府，甘服軍令。」

史志聰連忙說：「豈敢！」

當夜，皇城各門將要鎖門時，史志聰對直省官說：「你們自己去向宰相請示吧，我不任受其軍令。」

由此，禁中一切情況，宰相都能隨時知曉了。

初七，兩府到內東門小殿問安，只見皇上從宮中奔出，口中還喊著「皇后與張茂則謀大逆！」語言錯亂，神志迷離。

宮人一面扶持著皇上，一面對宰相說：「相公還是頒赦為天子消災吧！」

兩府退下後商議了一番，決定頒令大赦。

仁宗於昏亂中喊出的「張茂則」，是他平日最討厭的一個內侍。不料此人聽說後就想不開了，懸梁自盡，多虧被人解救了下來。文彥博讓人叫他來，責怪道：「天子有病，說的話不過是妄語，你何必如此？你要是死了，將使中宮何所自容？」於是責令侍奉仁宗的左右內侍不得隨意離開。

　　其時，曹皇后因皇上病中那幾句不得體的昏話，也不敢老侍奉在仁宗身邊，福康公主（即兗國公主）只17歲，身體又不好，幫不上大忙。

　　文彥博與富弼等商量，決定在大慶殿設醮，日夜焚香，為皇帝祈福，同時兩府留宿禁中，設幄於大殿西廡。內侍史志聰很不樂意，說：「從來沒有兩府留宿禁中的先例。」文彥博反駁道：「現在這樣的情形，哪裡還找什麼先例！」

　　初八，仁宗神志稍安，出御崇政殿以安眾臣之心。初九，兩府請求到寢殿見皇上，史志聰剛要阻攔，富弼喝道：「宰相安可一日不見天子！」太監們只得退在一旁。於是，兩府大臣進入福寧殿，來到仁宗臥榻邊奏事。此後，兩制、近臣每日都到內東門問安，百官五日一人。

　　初十，大赦天下。這一天夜裡還發生一宗小事件。開封知府王素忽然來到皇宮叩門，說有要事面告宰相。文彥博說：「如此狀況，宮門豈可夜開？」

　　到了天亮，王素進來稟報，原來有禁軍士兵告發都虞侯欲謀反作亂，執政準備捕捉治罪。文彥博說道：「如果這樣做，勢必驚動大眾。」

　　於是叫來殿前都指揮使許懷德，問那個都虞侯為人怎樣，許懷德說：「在軍職中最為謹慎老實。」文彥博說：「你敢擔保麼？」許懷德回答：「敢擔保。」文彥博又說：「既然如此，這

個士兵肯定因私怨誣告，應立即將其正法。」

眾人也都贊成，文彥博提筆就要簽署判狀，參政王堯臣捏了他一把，他猛然醒悟，請在場的首相劉沆簽字畫押，將那個士兵斬於軍門。

正月十四以後，仁宗神志逐漸清醒過來，但他不能說話了，群臣奏事，只是點頭而已。直到二月廿一，仁宗才開始到延和殿上朝。廿三日，百官至禁中慶賀皇上身體康復。

據近人推測，仁宗常患的這種「昏不知人」的怪病，有家族遺傳病因素，很可能是一種瘋癲。司馬光《涑水紀聞》載：真宗晚年就曾「不豫」，病中竟糊裡糊塗地對宰相發火：「昨夜皇后以下皆去，劉氏獨留朕於宮內。」劉氏即是皇后，皇后既已走了，怎麼還會有「劉氏獨留朕於宮內」的事呢？顯然是瘋話。

再往前追溯，真宗的哥哥，太宗皇帝的長子元佐也曾突然發瘋燒了自己的府宅，並因此失去了太子的位子。仁宗屬太宗一脈，他的動輒「不豫」，一「不豫」就胡言亂語，不能說與前代人所患的毛病沒有一點關聯。

第二篇 解密大宋帝君的政權非常道

宋英宗趙曙

大幸之中大不幸

英宗趙曙原名宗實，後改名趙曙，太宗曾孫，是真宗之弟商王趙元份的孫子，濮安懿王趙允讓的兒子。仁宗無子，英宗幼年被任仁宗接入皇宮撫養，賜名為宗實。1050年為岳州團練使，後為秦州防禦使。嘉祐七年（1062年）立為皇太子，封鉅鹿郡公。嘉祐八年即帝位。

英宗不是仁宗的親生兒子，本與皇位無緣。作為北宋第一位以宗子身分繼承大統的皇帝，應該說他很幸運。但不幸的是，他體弱多病，繼位之初即大病一場，而不得不由曹太后垂簾，後雖親政，不久便病故，在位僅5年，這在兩宋諸帝中也是鮮見的。

英宗同他名義上的父親仁宗一樣，也是一位很想有所作為的帝王，但他近乎偏執地恪守孝道，使得他即位之初便與曹太后矛盾重重。親政不久，更是演出了一場震驚朝野的追贈生父名分的鬧劇。等到這場爭議得以平息，他的生命也就走到了終點，於是，振作國勢的改革大業只好留給他的兒子宋神宗去完成。1067年，英宗病逝於宮中福寧殿。葬於永厚陵，陪葬有高後、狄青、楊延昭等。諡號為體乾應歷隆功盛德憲文肅武睿聖宣孝皇帝。

英宗雖然有一定的政治才能，卻因病英年早逝，享年36歲，空有一番抱負無從施展。不過，這卻給他的兒子神宗留下了機會與挑戰。

撤簾還政：曹太后還政趙曙祕聞

仁宗駕崩後，皇后曹氏命人將宮門所有的鑰匙放在自己身旁。等到黎明，命內侍召皇子入宮，並傳韓琦、歐陽修等人共同商討皇子即位的事情。皇子哭喪完畢，正要退出，曹后說：「大行皇帝遺詔令皇子繼位，皇子應秉承先帝遺志，不得有違！」皇子趙曙臉色大變說：「曙不敢當。」韓琦連忙挽留：「繼承先帝的遺志，才能稱得上孝。皇上的話不可不從！」皇子便遵命繼承帝位，並在東殿召見百官，史稱英宗皇帝。

英宗要遵循古制。守孝三年，不事朝政，命韓琦為宰相代為處理。韓琦奏稱古今有別，現在不應遵循一時的制度。英宗只好尊皇后為皇太后，請她暫且處理軍國重事。太后因而在東門小殿垂簾聽政。

太后引經據史，處理國事，如果遇有疑難，就對輔臣們說：「你們商議妥當，看應該如何處國事，就可以解決了。」而且太后對待自己的親戚以及宮中的內侍，卻絲毫不肯放權，宮廷內外都對她肅然起敬。

後來，太后冊立高氏為皇后，高氏是已故侍中高瓊的曾孫女，母親曹氏是太后的姐姐。高氏出生之後，一直生活在宮中。長大後出宮，做了英宗的妃子。後來被冊立為皇后，與太后如同母女一般，當然對太后敬愛有加。

新的一年開始了，為了盼望英宗早日恢復健康，儒臣煞費苦

心，擬出改元後的年號為「治平」二字，治者，天下大治也，同時也蘊涵皇上得治之意平者，天下太平也，也包括了盼望皇帝平安的意思。

英宗不負眾望，身體一天天好轉。為了體現皇帝已能料理萬機，御史中丞王疇請求皇上借祈雨的機會，車駕出行一次。韓琦、司馬光都很贊成，並積極作準備。太后對此當然不大樂意，她對韓琦說：「皇上病剛剛好一些，恐怕不便出外。」韓琦說：「皇上自己覺得可以出外。」皇太后又說：「大喪之際，儀仗所需素服還需要準備呢！」韓琦笑道：「這種瑣事並不難辦。」

於是，在治平元年（1064年）四月二十八，英宗皇帝在一群臣僚的陪同下，乘大輦出皇城，來到離禁中不遠的相國天清寺和醴泉觀祈雨。由於是新皇帝第一次出城，道路兩旁圍觀的百姓甚多，不斷傳來韓琦、司馬光等人期待的歡呼聲，效果極好。

據說，韓琦為了證明皇帝精力充沛，基本可以做到不知疲倦地料理政務，而且「裁決如流，悉皆允當」，某日拿出十幾件急需要辦的公務請求聖裁，英宗一一做出正確批覆。韓琦拿著已有批覆的公務又去請示太后，不出所料，「太后每事稱善」，很是滿意。

至此，包括製造輿論在內，迫太后還政的一切準備工作已經就緒，剩下的問題就是用什麼方式來促使太后自己提出撤簾的建議。對此，韓琦信心十足，他早就想好了辦法。

一天大臣向太后稟事，待同僚退下後，韓琦單獨留下，請求太后允許他辭去宰相之職，到地方領一「鄉郡」。太后先是大吃一驚，繼而明白了宰相的意圖，道：「相公安可求退？該退的是我，老身合居深宮，卻每日在此，甚非得已，且容老身先退。」

韓琦明知太后的話並非出自情願，卻馬上順水推舟，歷數前

代那些貪戀權勢的垂簾者之不明，又說今日皇太后慨然允諾皇帝復辟，是前代那些人所不及的。韓琦似被太后的這種無私精神所感動，再拜稱賀。

太后聽得不耐煩，正要起身回宮，韓琦趕上前，追問道：「台諫也有章請太后還政，不知太后決定在哪一天撤簾？」太后也不答話，起身就走。韓琦環顧左右，大聲命令儀鸞司撤簾，幃簾拉開，猶能見到後屏上太后衣影一閃而過。當天，曹太后從宮中傳出手書，表示要還政於皇帝。

在宋人的記述中，關於曹太后被逼撤簾的描寫多種多樣……

最流行的一種說法是，一次朝會中，韓琦袖中揣著詔書走到簾前，奏道：「皇太后聖德光大，許歸政天子，今有書詔在此，請立即施行。」太后大驚，尚未及回言，韓琦已環顧左右，喝道：「撤簾！」曹太后慌忙退往宮內。其時，樞密使富弼正要上前奏事，登上台階，卻見幃簾已被捲起，只有皇上一人坐在殿上，當即轉身下殿。韓琦趕上前來解釋道：「事先未與富公通氣，是怕意見不合，拖延了還政日期。」富弼也不答話，怒氣沖沖地直出殿門而去。

另一種說法是，韓琦一直在謀劃歸政於天子，苦於精明的曹太后將皇帝的御璽收藏在太后閣中，甚至出行時也要帶在身邊。於是，韓琦設下一計，奏請安排儀仗，請太后、皇帝赴外祈雨。待太后、皇帝的乘輿返回宮中，悄悄留下皇帝玉璽，然後走到簾前頌揚皇帝聖德，稱「市民瞻仰，無不歡慰」云云。接著話頭一轉：「天下久煩聖慮，現台諫有章，盼太后早日還政。」曹太后聞言，勃然大怒，說：「教做也由相公，不教做也由相公，你們這樣逼迫，是不是太過分了！」韓琦毫不退讓，站在簾外不去。見太后並無反對的意思，立即拜倒於地，命儀鸞司撤去幃簾。

父子情深：「濮議」論戰之謎

宋仁宗無嗣，死後以濮安懿王允讓之子趙曙繼位，是為宋英宗。即位次年（治平二年），詔議崇奉生父濮王典禮。侍御史呂誨、范純仁、呂大防及司馬光等力主稱仁宗為皇考，濮王為皇伯，而中書韓琦、歐陽修等則主張稱濮王為皇考。英宗因立濮王園陵，貶呂誨、呂大防、范純仁等三人出外。舊史稱之為「濮議」。後亦借指朝中的爭議。

趙曙親政剛過半個月，宰相韓琦等人就向他提議請求有關部門討論英宗生父的名分問題。當時先皇宋仁宗逝世已有一年多，英宗批示，等過了仁宗大祥再議，也就是待到滿兩年提議此事，很明顯英宗為了減少追封的阻力而做出的姿態。

治平二年四月九日，韓琦等再次提出這一議題，於是，英宗出詔將議案送至太常禮院，交兩制以上官員討論。由此引發了一場持續18個月的論戰，這就是北宋史上有名的「濮議」。

以王珪為首的兩制認為，濮王於仁宗為兄，英宗應稱其為皇伯，而以韓琦、歐陽修為首的宰執們則認為，英宗應稱其為皇考，他們還請求英宗將兩種方案，都提交百官討論。英宗和宰執們原以為，大臣中一定會有人迎合他們的意圖，誰知情況恰恰相反，百官對此反應極其強烈，大多贊同兩制官員的提案。

一時間，議論紛紛。就在這時，太后聞訊，親自起草了詔書，嚴厲指責韓琦等人，認為不當稱濮王為皇考。英宗預感到形

勢的發展於己不利，不得不決定暫緩討論此事，等太后回心轉意再說。

這樣，經過長時間的爭論，英宗和韓琦等人逐漸意識到，要想取得這場論戰的勝利，曹太后的態度是關鍵，只有爭取太后改變態度，釜底抽薪，才能給兩制和百官以致命一擊。

治平三年，中書大臣共同議事於垂拱殿，當時韓琦正在家中祭祀，英宗特意將其招來商議，當時即議定濮王稱皇考，由歐陽修親筆寫了兩份詔書，交給了皇上一份。

到中午時分，太后派了一名宦官，將一份封好的文書送至中書，韓琦、歐陽修等人打開文書，相視而笑。這份文書正是歐陽修起草的詔書，不過是多了太后的簽押。曹太后一直與養子英宗不和，這一次竟不顧朝廷禮儀和群臣的反對，尊英宗的生父為皇考，確實令人費解。

於是，便有了諸多傳言。有人說，這一關鍵性的詔書乃是曹太后前日酒後誤簽，次日，太后酒醒，方知詔書內容，但後悔已經晚了。另一傳說則稱，太后手詔的出台，是大臣韓琦、歐陽修等人交結太后身邊的宦官，最終說服了太后。但無論如何，白紙黑字，太后是不能抵賴的。

且不論曹太后的詔書是否出於情願，但這卻圓了英宗的心願，英宗便立刻下詔停止討論。同時又將宰執們招來，商量如何平息百官的情緒，以穩定時局。韓琦對英宗只說了一句「臣等是奸是邪，陛下自然知道」，便垂手不言。

歐陽修更是非常明確地對英宗道出了自己的觀點：「御史既然認為其與臣等難以並立，陛下若認為臣等有罪，即當留御史；若以為臣等無罪，則取聖旨。」

英宗猶豫再三，最後還是同意了歐陽修等人的意見，將呂誨

等三名御史貶出京師。英宗明白這三個人無過受罰，心中也很過意不去，特地對左右人道：「不宜責之太重。」同時宣布，濮安懿王稱親，以塋為園，即園立廟。

英宗的這項決定，遭到了朝臣的堅決抵制，包括司馬光在內的台諫官員全部自請同貶，甚至英宗在濮邸時的幕僚王獵、蔡抗均反對稱親之舉，這是英宗萬萬沒想到的。在嚴厲處分呂誨等人的同時，英宗又不得不拉攏反對派主要人物王珪，許以執政職位，可以說是軟硬兼施。

為了生父死後的名分，英宗絞盡腦汁，用了各種手段，耗費了一年零六個月的時間，才達成了自己的心願，英宗篤孝的品行就以這種奇特的方式體現出來。

其實，「濮議」並非單純的禮法之爭。司馬光等臣僚堅持濮王只能稱皇伯，是希望英宗能以此收拾天下人心，維護統治集團內部的團結。而韓琦、歐陽修等掌握實權的宰執們考慮的問題則更現實，深知仁宗已死，太后已無能為力，他們要一心一意地擁戴英宗，因為畢竟英宗是皇權的現實代表。

宋哲宗趙煦

終身不得開心顏

宋哲宗趙煦,原名趙傭,宋神宗第六子。元豐五年封延安郡王。元豐八年二月,宋神宗病情日趨惡化,不能處理朝政。立趙傭為皇儲,由皇太后高氏暫時聽政,神宗表示同意。

這年三月,在大臣們前來觀見時,高太后當眾誇讚皇子趙傭性格穩重,聰明伶俐,自神宗病後便一直手抄佛經,為神宗祈福,頗是孝順,還將趙傭所抄佛經傳給大臣們看。大臣們齊聲稱賀,高太后立即命人抱出趙傭,宣讀神宗詔書,立趙傭為皇太子,改名趙煦,皇儲之爭總算平靜下來。數日後,神宗去世,皇太子趙煦即位,改元元祐。從此,太皇太后高氏垂簾聽政,掌握大權達8年之久。

元祐八年(1093年),太后去世,哲宗親政。次年改元「紹聖」,並停止與西夏談判,多次出兵討伐西夏,迫使西夏向宋朝乞和。元符三年(1100年)一月病逝於汴京(今河南開封),時年25歲,廟號哲宗,葬永泰陵。諡號為憲元繼道顯德定功欽文睿武齊聖昭孝皇帝。哲宗在位15年(1085年—1100年),建元元祐、紹聖、元符。

哲宗是北宋較有作為的皇帝。但是由於在新黨與舊黨之間的黨爭不但沒有獲得解決,反而在宋哲宗當政期間激化,種下了北宋滅亡的原因。

黨爭紛擾：揭祕趙煦黨爭祕事

元豐八年二月，宋神宗病情日趨惡化，不能處理朝政。延安郡王趙傭為皇儲，由皇太后高氏暫時聽政，神宗表示同意。

在神宗生病時，他年齡最大的兒子延安郡王趙傭才10歲，而兩個同母弟弟卻年富力強，雍王趙顥36歲，曹王趙頵30歲，論聲望、地位和出身，兩人中的任何一個都有資格做皇帝。

當時，大臣蔡確和邢恕也有策立二王之意，他們曾想通過高太后的侄子高公繪和高公紀達到目的。邢恕以賞花為名將二人邀請到自己府中，對他們說神宗的病情已無回天之力，延安郡王年幼，雍王和曹王都很賢明，有可能成為皇位繼承人。高公繪大驚，明確表示，這是邢恕想陷害他們全家，急忙與高公紀一起離開邢府。

蔡確和邢恕見陰謀難以得逞，便決定擁立趙傭，以奪策立之功，並乘機除掉與蔡確有矛盾的王珪。蔡確在與王珪同去探望神宗時，問王珪對立儲之事有何看法，暗中卻派開封知府蔡京率殺手埋伏在暗處，只要王珪稍有異議，就將他殺死。王珪膽小怕事，是出了名的「三旨宰相」（他上殿奏事稱「取聖旨」，皇帝裁決後，他稱「領聖旨」，傳達旨意是「已得聖旨」）。

見蔡確相問，王珪便慢吞吞地回答：「皇上有子。」言下之意是要立趙傭。王珪這一次卻很有主張，蔡確無法，便只好四處張揚，說他自己有策立大功，卻反誣高太后和王珪有廢立趙傭之

意，此事在後來給他招來大禍。

不僅朝中大臣另有打算，趙顥和趙頵也極為關注選立皇儲一事。他們時常去皇宮探視神宗病情，看過神宗後，趙顥還徑直去高太后處，試圖探聽或是談論些什麼。神宗只能「怒目視之」，似乎也察覺到弟弟們的意圖。到了神宗彌留之際，趙顥甚至還請求留在神宗身邊侍寢。高太后見兩位親王居心叵測，為防萬一，便命人關閉宮門，禁止二王出入神宗寢宮，實際上是要他們斷了念頭。同時，加快了立趙傭為儲的步伐，還暗中叫人祕密趕製了一件10歲孩童穿的皇袍，以備不時之需。

這年三月，在大臣們前來覲見時，高太后當眾誇讚皇子趙傭性格穩重，聰明伶俐，自神宗病後便一直手抄佛經，為神宗祈福，頗是孝順，還將趙傭所抄佛經傳給大臣們看。大臣們齊聲稱賀，高太后立即命人抱出趙傭，宣讀神宗詔書，立趙傭為皇太子，改名趙煦，皇儲之爭總算平靜下來。數日後，神宗去世，皇太子趙煦即位，改元元祐。從此，太皇太后高氏開始垂簾聽政。

高太后雖被後人譽為「女中堯舜」，但她在政治上卻極為盲目和固執。神宗時代，高太后就是變法的主要反對者之一，她曾與仁宗曹皇后一起在神宗面前哭訴王安石新法敗壞祖宗家法，害苦天下百姓。高太后垂簾後的第一件事就是召回反對變法最堅決的司馬光。司馬光在神宗變法時隱居洛陽達15年之久，百姓都知道他日後可能復出，稱他為「司馬相公」，而許多賦閒在家的反變法官員也很欽佩他，這些人是司馬光執政後更化的主要力量。

司馬光被召回朝廷後，立即打出「以母改子」的旗號（以神宗母高太后的名義來變更神宗朝的政治措施），全面廢除新法，史稱「元祐更化」。司馬光廢除新法之徹底，不能不說他帶進了自己10多年政治上鬱鬱不得志的個人情緒的影響。然而，高太后

卻不僅一味信任司馬光，委以重任，還在司馬光死後，將其反對變法的措施執行到底，並起用大批反對派官員如文彥博、呂公著、范純仁和呂大防等人，又將支持變法的官員呂惠卿、章惇和蔡確等人逐出朝廷，從而激化了統治集團內部的鬥爭。

高太后在哲宗即位時，一再表示她性本好靜，垂簾聽政是出於無奈，但她卻絲毫不放鬆手中的權力。在高太后垂簾時期，軍國大事都由她與幾位大臣處理，年少的哲宗對朝政幾乎沒有發言權。大臣們也以為哲宗年幼，凡事都取決於高太后。朝堂上，哲宗的御座與高太后座位相對，大臣們向來是向高太后奏事，背朝哲宗，也不轉身向哲宗稟報，以致哲宗親政後在談及垂簾時說，他只能看朝中官員的臀部和背部。到了哲宗17歲時，高太后本應該還政，但她卻仍然積極地聽政。而此時，眾大臣依然有事先奏太后，有宣諭必聽太后之言，也不勸太后撤簾。高太后和大臣們的這種態度惹惱了哲宗，哲宗心中很是怨恨他們，這也是哲宗親政後大力貶斥元祐大臣的一個原因。

儘管高太后和大臣在垂簾時沒有考慮哲宗的感受，但他們並不放鬆對哲宗的教育。高太后任呂公著、范純仁、蘇軾和范祖禹等人擔任哲宗的侍讀大臣，想通過教育使哲宗成為一個恪守祖宗法度、通曉經義的皇帝，尤其是讓哲宗仰慕仁宗，而不是銳意進取的宋神宗，因為仁宗創下了為士大夫津津樂道的清平盛世。

此外，高太后在生活上對哲宗的管教也很嚴格。為避免哲宗耽於女色，高太后派了20個年長的宮嬪照顧他的起居，高太后的這些做法雖然目的是為了照顧和保護哲宗，但卻使得哲宗感到窒息，無形中增強了他的逆反心理。更讓哲宗難以接受的是，高太后對待其生母朱德妃也過於嚴格，甚至是苛刻。哲宗親政後，立即下令母親的待遇完全與皇太后向氏相同。從哲宗生母的待遇問

題上，可以看出其間夾雜著複雜的政治鬥爭背景。

元祐八年九月，高太后去世，哲宗改元紹聖，大力打擊元祐大臣，甚至在章惇等人的挑撥下，直指高太后「老奸擅國」，欲追廢其太后稱號及待遇。可見，在哲宗的政治抱負中，有著濃厚的個人感情因素，使得他的人生多了些悲劇色彩，也使得朝野上下的分野愈發清晰。

哲宗朝，無論是元祐時期，還是哲宗親政後，最活躍的似乎都是朝中的大臣們。由於變法與反變法矛盾的延續以及哲宗與高太后的衝突，使得當時支持變法的大臣（新黨）與反對變法的大臣（舊黨）都無可避免地捲入激烈的黨爭，成為其中的主角，也就演出一幕幕令人嘆息的悲劇。

在高太后垂簾的8年中，舊黨不僅控制了整個朝廷，對新黨的打擊和傾軋也始終如一，從未放鬆過。但是，隨著高太后的衰老和哲宗的成長，不僅舊黨成員，連高太后也感到山雨欲來、新黨復起的政治氣氛。元祐八年八月，高太后垂危時，她告誡范純仁和呂大防等人：「老身歿後，必多有調戲官家者，宜勿聽之，公等宜早求退，令官家別用一番人。」實際上是已經預感到哲宗準備起用一批新人，要他們提前準備，盡早退出朝廷，以保全身家性命。後來事實證明，哲宗親政後，凡是高太后垂簾時彈劾新黨和罷免新法的官員幾乎無一人幸免於報復。

哲宗親政後，召回章惇、蔡卞、黃履和張商英等人。章惇等人曾是神宗變法時的重要人物，但在經歷了元祐時期舊黨的殘酷傾軋後，他們的政治性格在黨同伐異過程中遭到嚴重扭曲。當他們復出時，他們與親政的哲宗一樣，都有著強烈的報復心理，而章惇就是其中代表人物。

宮闈之爭：趙煦屢廢立孟皇后

太皇太后去世後，宋哲宗開始親政。他立即召宦官劉瑗等10人入內參與政事。翰林學士范祖禹入諫說：「陛下親政，未訪一賢臣，卻先召內侍，天下將會議論陛下私昵近臣，此事斷然不可。」哲宗默然不發一言，好似不聞不見。宋哲宗冊立馬軍都虞侯孟元的孫女孟氏為皇后。孟氏端莊有禮，宣仁太后和欽聖太后向氏皆對賢淑溫婉的兒媳非常滿意。哲宗皇帝雖不大寵愛孟氏，但對她仍禮遇有加。不久，孟皇后誕下女兒，封為福慶公主。不料公主重病而亡。孟后養母在宮中為孟后和公主祈福。劉婕妤誣告說是在詛咒皇帝。哲宗廢去孟氏后位，貶入瑤華宮。

宋哲宗廢去孟后，心裡也很後悔，蹉跎了三年，沒有繼立中宮。劉婕妤朝晚盼望，枕席上也格外獻媚，卻始終得不到冊立的消息，她讓內侍郝隨及首相章惇內外請求，哲宗還是沒有立后的意思。劉婕妤彷徨憂慮，唯一的希望，乃是後宮嬪御都不生育。

天下事無巧不成書，劉婕妤竟然懷孕，至十月分娩，生下一個男嬰。宋哲宗很是高興，命禮官備儀，冊立劉婕妤為皇后。右正言鄒浩諫阻說：「立后以配天子，怎麼可以不慎重？仁宗時郭后與尚美人爭寵，仁宗既廢后，並斥美人，所以公平，可為天下後世效法。陛下廢孟后，與郭后無以異，天下孰不疑立賢妃為后，凡皇后須德冠後宮，不能從妃嬪中晉升，應自賢族中選擇；況且劉賢妃有廢后之嫌，更不宜立為皇后。」哲宗大怒，將鄒浩

削職除名,貶去新州。

《雞肋集》記有一則劉婕妤做了皇后的笑話:開封城裡有個賣饊子的漢子。他吆喝時,既不說饊子好吃,也不說價錢多少,只是長長地嘆一口氣,然後吆喝說:「虧便虧我也!」意思吃虧就讓我吃虧吧!大概是想以此招徠顧客。一天,他來到城內被廢的孟后住的瑤華宮道觀前,像往日一樣吆喝:「虧便虧我也!」不料才吆喝了幾聲,就被抓進了監獄。原來官差以為他說「虧便虧我也」是明目張膽地為孟后叫屈。後經查明,杖責一百板了事。他就此成了名人,連帶生意也興隆起來。

劉婕妤做了皇后,一時吐氣揚眉,說不盡的快活。哪知才過了二月,兒子忽然生了一種怪病,終日啼哭,飲食不進,不久夭逝。劉后悲不自勝,哲宗也生了病,臥床不起,一年後駕崩,只有25歲。哲宗死而無子,立端王趙佶為帝,是為徽宗。

被廢的孟皇后因獲垂簾聽政的向太后眷遇而得以復立為元祐皇后,位居劉后之上。後來向太后病逝,徽宗重用的奸臣蔡京等人勾結劉后,致使孟后再度被廢,為希微元通知和妙靜仙師,重居瑤華宮。劉后妄圖干預政事,且行為不謹,使徽宗愈加不滿,於是與輔臣計議密謀廢掉劉后。劉后的侍從見她地位動搖,都落井下石,紛紛把矛頭直指向她,對她百般辱罵。徽宗將劉后廢去。劉后被左右所逼,用簾鉤自縊而死,時年35歲。古人云「寧拆十座廟,不拆一對婚」,回顧劉后所作所為,其結局可想而知。

在宋朝多有太后垂簾聽政的事情,但都能革除弊政,以德服人,與理學維繫人心的宋朝相一致。劉后誣陷孟皇后取得中宮之位,本無可厚非。但她心地狹隘,毫無容人之量,狠毒堪比呂后、武則天,而眼光短淺,斤斤計較,為人處世遠遠不及!

憂鬱成疾：解密趙煦死因

宋哲宗從少年即位時，便老成持重。在高太后聽政時期，他多半在緘默中度過，而心事重重。侍讀先生喋喋不休的講解，反而使他不再親近儒家經典。宋哲宗的生活環境，對他來說甚為沈重，多數情況是沒有快樂的。這種狀況下成長起來的人，不會有健康的身體。

宋哲宗雖然年輕，但身體不好。關於他的身體狀況，《長編》中記錄很少，倒是《曾公遺錄》中提到了這一點。《曾公遺錄》是北宋右相曾布的日記。自何時始記不明，今存從《永樂大典》錄出的三卷。這三卷記載了從元符二年三月起至元符三年七月之間一年又四個月的事。這期間曾布與宋哲宗、章惇、蔡卞、許將的談話，朝中的大事，多錄於其上。

由於宋人習文修史之風甚濃，故曾布的日記頗詳。因為是為當時所記，故可信程度較高。

元符二年六月某日，曾布以身體不好為理由，想請求休息。這一年，曾布已64歲。曾布年長，是朝中耆舊，多持中之論，常與宋哲宗做長談。

這一天，因曾布的病，說起宋哲宗的身體。宋哲宗答曰：「稍安。」這時為宋哲宗看病的，不是平常的御醫，而是一名叫耿愚的醫生。耿愚用古醫書中的方子下藥，很有效，但藥味苦辣，很難吃。

曾布乘機講了一番大道理：良藥苦口利於病，忠言逆耳利於行，並說：「國醫進藥但以味甘美色鮮好者為先，此何足以愈病？兼止以爭功為意。」曾布是借機敲禪，借問醫治病，比喻治國用人的大道理。

此時宋哲宗雖說有較長的病史，但看來並不嚴重，不僅曾布還在和他講著許多大道理，而且還說「兩三日來玉色極悅澤，此必藥之效也。」

時隔一個多月，宋哲宗再次病倒，御醫留宿宮內三日不可回家。稍愈，臨朝。宋哲宗對曾布說：「前兩天大概是得了霍亂，一夜間腹瀉八九次。胃中滿是粥藥，滯中不下。」

上文提到的醫生耿愚，現在仍為宋哲宗治療。他讓宋哲宗吃溫脾丸，保養脾胃。曾布認為應該服一些緩瀉藥，讓上下通暢後，再進補藥，可恢復健康。宋哲宗說朱太妃也認為應該這樣服藥，所以要和耿愚再商議。眾大臣不知說什麼好，唯唯諾諾而已。曾布看宋哲宗臉色很不好，粥喝不進去，藥也不吸收，頗是焦慮，幾次敦促他積極治療。

第二天，大臣們一起問候龍體安康。此時宋哲宗的腹瀉已止住，但還不能多進食。臉色也「康和」（曾布語）了許多。三省的大臣們慶賀說：聖上「春秋鼎盛，故易安和也。」

其實，宋哲宗很為他的身體焦慮。雖說只是二十多歲，卻終日離不開藥，又吃了不見效。連夏日驟降大雨，都感到陰濕不敢冒犯，要避陰冷。這說明他身體的虛弱，真是已到很嚴重的狀態了。從他所居住的延和宮到上朝時的崇政殿，路途不近，如冒雨上朝，曾布尚擔心他受了涼。除去大臣們對皇帝聖體的格外關心的成分，也說明宋哲宗這一年是在勉強支撐病體上朝罷了。

皇子和公主相繼去世，給宋哲宗以很大打擊，他的身體每況

愈下。但朝政不可一日不理。經過紹聖年放逐元祐黨人和「同文館」之獄的審理，朝中極缺乏稱職的官員，既要為人正直，又要老於吏事，還要文采出色。章惇和蔡卞不和，裂隙日深，當著宋哲宗的面相互指責，很是無禮。二人俱有咄咄逼人之勢，使與蔡卞同級的許將（二人共為尚書左、右丞）經常緘默不語。

宋哲宗欲加強三省的力量，便與曾布商量。曾布指出，朝中章惇、蔡卞之黨遍布，相互交惡，故無人可以差除。宋哲宗仍然堅持要在三省中補人，便提出韓忠彥。曾布認為韓忠彥不足以抵擋章惇、蔡卞二人，而且韓忠彥係元祐大臣之一，恐怕章、蔡二人也不會容納。曾布曾推薦安惇，稱其文采可跂及蘇軾，被宋哲宗婉言謝絕了。宋哲宗認為安惇做好御史便可以了，再說安惇亦是章惇門下之人。宋哲宗又認為蔡京不是平穩之人。

不久，宋哲宗下令將韓忠彥的兒子韓治從祕閣校理擢為吏部郎中。曾布聽說宋哲宗對韓治曾為劉摯門下客並不介意，又再三對宋哲宗說，韓忠彥為人沒有原則，只是「隨順」而已，和現在的許將的行事差不多。

曾布在宋哲宗執政的後期，與宋哲宗關係密切，給宋哲宗以很大影響。由於章惇、蔡卞言詞激烈，且不時便有大臣，如陳瓘、鄒浩等人彈劾、指責章蔡二人，而與曾布的衝突較少，使宋哲宗比較信任曾布。曾布又常做持中之論，例如對元祐黨人、對開邊戰爭，是宋哲宗於章蔡之外，所能聽到的較有理性的言論。曾布的建議雖然不一定能實行，但在宋哲宗心中很有分量。

宋哲宗與曾布的談話，隨意性較強，範圍廣泛，曾布在《曾公遺錄》中的日記，是了解宋哲宗和曾布及其關係的第一手材料。也由於曾布常以公允的面貌出現，而他又參與了「紹述」和廢孟后的定論，使人們對曾布有首鼠兩端的印象。加之曾布阻撓

韓忠彥的起復，更使人對曾布紹聖年間對元祐黨人的同情有幾分真實，產生了懷疑。

宋徽宗即位後，一度起用韓忠彥為相，曾布與之同時任相約一年半，兩人關係始終不融洽，於崇寧元年先後落職，出知外任。曾布性格中的這種多面性，引起了宋史研究者的興趣，近年屢屢有人專論曾布，這對了解宋哲宗的思想脈絡頗有裨益，可以參閱。

冬月末，高太后的從父高遵惠卒。高遵惠約束族人甚謹，不以外戚狂妄，深得高太后信任。元祐初年，高太后「以母改子」時，高遵惠曾提醒她要謹慎從事，故宋哲宗亦常念顧他。高遵惠後來任環慶路經略安撫使，兼馬步軍都總管、知慶州，宋哲宗屢次建議三省將之調回朝中，而章惇遲遲未決。

宋哲宗又面諭曾布，曾布告訴宋哲宗，此事之所以未辦，一來是不知除授朝中何官合適，二來是找不到合適的人去代替他。宋哲宗寧願將剛提拔不久的蔣之奇調到西部駐守邊陲，而將高遵惠調回京城。

曾布給宋哲宗出謀劃策，此事不必經過章惇讓三省討論，由皇帝直接批出手諭，便可辦理。章惇對高遵惠一直存有成見。宋哲宗看看也只有如此。尚未辦理，便傳來高遵惠的噩耗。宋哲宗聞之，傷神良久，追贈樞密直學士，白金五百兩。

雖然宋哲宗依舊處理朝政，如青唐問題、西夏問題、邊費問題、鄒浩問題、人事升遷問題，等等，但他的健康狀況愈來愈差。到了元符三年（1100年）正月上旬，終於不能按時視朝，也無法接見外國使臣，這就等於向天下宣布了宋哲宗病情嚴重的公告了。

據記載，宋哲宗從少年時便有宿疾，時有咯血，但嚴令不許

外傳，不准請醫生。咳嗽時不許用唾壺，只用巾帕揩去，常有血跡。內侍只是將巾帕藏入袖內，不敢讓人知道其病證。及讓御醫看病時，還不許說氣虛體弱之類的話。日久終於釀成沈痾。

據曾布的《曾公遺錄》記載，自元符二年臘月，宋哲宗就咳痰不止，又常嘔吐；剛吃過早餐，稍一俯身，立刻吐出，非常痛苦。且腰疼不止，小便時常流出白色分泌物。御醫耿愚、孔元看到宋哲宗這種「精液不禁，又多滑泄」的症狀，極其擔憂，因為這是身體虛弱之至的現象。總算挨過了元符二年。

元符三年正月十二，五更時分，御藥院傳來消息，說四更時醫生診視，脈氣越來越細微，自汗不止。眾大臣立刻集聚在僕射廳。黎明時角門開，大臣們又到內東門求見。內侍梁從政說：「已不可入。」大臣們不甘心，趕到宋哲宗起居的福寧殿，在東階下等候。見福寧殿垂簾，侍者說：「皇太后已坐。」眾大臣再拜。此時微聞簾內有哭聲，皇太后向氏宣布：「皇帝已棄天下。」宋哲宗時年25歲。

宋徽宗趙佶

家花不如野花香

　　宋徽宗趙佶，號宣和主人、教主道君皇帝、道君太上皇帝，畫家，書法家，宋朝第八位皇帝。宋神宗十一子，哲宗弟。生母為宋神宗欽慈皇后陳氏。哲宗病死，太后立他為帝，在位25年。宣和二年（1120年），遣使與金朝訂立盟約，夾攻遼國。宣和七年，金軍南下攻宋。他傳位趙桓（欽宗），自稱太上皇。

　　靖康二年（1127年），與欽宗一同被金兵俘虜。後被押往北邊囚禁，死於五國城（今黑龍江依蘭），終年54歲。其治國無能，但藝術才能頗高。擅長楷、草書及山水、人物、花鳥、墨竹，書法稱「瘦金體」，傳世畫作有《芙蓉錦雞》《池塘晚秋》等，並能詩詞，擅長婉約詞。

　　趙佶於在位期間，過分追求奢侈生活，在位期間，重用蔡京、童貫、高俅、楊戩等奸臣主持朝政，大肆搜刮民財，窮奢極侈，荒淫無度。

　　公元1126年閏十一月，金軍大舉南侵。宋徽宗被金軍囚禁了9年，公元1135年四月，終因不堪精神折磨而死於五國城，令熙宗將他葬於河南廣寧（今河南省洛陽市附近）。公元1142年八月，宋金根據協議，將宋徽宗遺骸運回臨安（今浙江省杭州市），由宋高宗葬之於永祐陵（今浙江省紹興縣東南35里處），立廟號為徽宗。謚號體神合道駿烈遜功聖文仁德憲慈顯孝皇帝。

探尋真跡：趙佶《百子圖》下落何方

趙佶是北宋後期的皇帝，此君政治上昏庸無能，卻博雅多才，對藝術十分內行。雖說理政乏才，但他親自掌管翰林畫院，拜師學畫，甚為用心，成就卓然。趙佶的詩詞書法堪稱上乘，有「瘦金書」美稱，繪畫精工逼真，是北宋時期畫壇的實際領袖。宋徽宗傳世的作品很多，然而，宋徽宗生前最為珍愛的《百子圖》的最後下落卻成了一個謎。

宋徽宗的這幅《百子圖》為絹本彩色，畫於靖康元年。畫上共畫了百餘個活潑可愛的孩兒在汴京宮城林苑內嬉戲玩耍，筆觸細膩生動，極為傳神，富有生活情趣。據說《百子圖》上有徽宗長達90餘字的題款，還蓋上玉璽。這幅名畫在宋靖康年間就已流落到蘇南高淳鄉間，直到清道光年間尚存世。兩江總督陶澍聞知《百子圖》就在高淳，特派親信前往訪查，但未能獲寶。

那麼，《百子圖》又是如何流失到高淳鄉間的呢？

據當地民間至今流傳的說法是：北宋末年，江蘇高淳茅於灣有一家吳姓大戶，廣有田產，主人名叫吳柔勝。兩個兒子一個名叫吳淵，一個名叫吳潛，都是知書識禮的文人。吳柔勝早年就認識家住鄰縣句容郭村的高俅，結為朋友。高俅曾當過大詩人蘇東坡的書童，為人機靈，善鑽營，成年後廣於交際，又是蹴鞠高手。他發跡後一路青雲，官拜太尉，以弄權誤國而遺臭青史。

吳氏父子三人正是得到高俅引薦而入汴京，當上京官。但他

們為官均廉正,名聲也遠比高俅好。而且,說來也巧,宋徽宗學畫的翰林畫院名畫師吳瑜與吳氏父子是同宗族親,他們同出於東晉初年從洛陽輾轉南渡的仕宦吳喬一支。有了這一層關係,吳氏父子三人也就得到宋徽宗的寵信,幾次獲得賞賜。

靖康二年秋,戰火已逼近汴京,兵荒馬亂中某日宋徽宗緊急召見吳氏父子三人,委託代為保管其心愛的畫作《百子圖》。吳柔勝等立時跪拜:「臣等願為主上解憂,百死不辭。」

不久,金兵破城,徽、欽二帝被金帥兀朮俘獲。吳氏父子那時已帶著《百子圖》南逃,返回家鄉。

金軍大舉南侵,金軍一支曾攻佔高淳,貼出告示,稱凡是家中私藏朝中珍寶,一律向金國朝廷呈報、奉獻,如有違犯要滿門抄斬,還要株連九族,消息傳到茅於灣,吳柔勝父子考慮再三,召集村中鄉民連夜動工在村裡建起一座祠山廟,將《百子圖》藏

宋徽宗《芙蓉錦雞圖》　　　　　　宋徽宗書法

於廟堂房梁上一鑿出的長洞孔內，外層再塗漆。果然金兵沒進祠山廟搜查。

據說金兵統帥兀朮雖暴戾凶殘，但信佛，從不准部下侵擾漢人的寺廟，這一傳說似乎並不可信。因高淳並未被金軍佔領過。

清末同治、光緒年間，幾十年裡，江南的南京、蘇州、無錫、杭州等地居然都出現宋徽宗的《百子圖》「真跡」，其中有一幅《百子圖》幾經輾轉，被清兩江總督魏光燾獲得，欣喜萬分，視若拱璧。不久，魏光燾聘請清道人李瑞清為西席（即家庭教師）。某日，這位總督大人取出《百子圖》讓李瑞清欣賞。李瑞清看得很仔細，最後從畫上的印璽等處看出破綻，認定是摹本，但他承認摹本的作者定是民間丹青高手，只可惜才藝用錯了地方。魏總督聽了李瑞清的分析，心悅誠服。

這一段軼事足以證明：迄至清代末年，宋徽宗的《百子圖》真跡仍存世，否則江南民間不會出現多幅幾可亂真的摹本《百子圖》，而且這也反映出當年民間造假者做舊工夫之老到，臨摹功夫之高明。至於《百子圖》真跡最後的下落，則至今仍是個待解之謎。

宋徽宗

獨領風騷：徽宗與李師師的風流韻事

徽宗怠於政事，沈湎酒色，竟至發展到眠花宿柳，微服狎妓。徽宗尋花問柳始於政和年間，當時他正值而立之年，風華正茂，雖然後宮佳麗三千，粉黛如雲，仍阻擋不住他去民間尋求風華絕代女子的渴望。

《宋史‧曹輔傳》記載說，自政和年間，徽宗多次微服私行。當時汴京繁華富庶，歌妓如雲，又在客觀上給徽宗提供了方便。他微服出遊的目的是嫖娼。後宮佳麗雖多，但野花閒草，別有風情，於是在宦官佞臣們攛掇下，作狹邪之遊了。

徽宗君臣來至一坊，名為金線巷，街道兩旁，盡是妓館，只聽見簾子底下笑語喧呼，簫韶盈耳，妓女們打扮妖嬈，一個個粉頸酥胸，桃腮杏臉，徽宗甚覺新奇。又前行五七步，來至一座宅院，粉牆鴛瓦，朱戶獸環，飛簾映襯綠鬱鬱的高槐，繡戶正對青森森的瘦竹，別有一番情致。

徽宗正欲詢問是誰家宅院，驀地看見翠簾高捲，繡幕低垂，簾子下立著一位妙齡女郎，只見她發軃烏雲，釵簪金鳳，眼橫秋水，眉拂春山，腰如弱柳，膚若凝脂，恰似嫦娥離月殿，恍如洛女下瑤階，徽宗看罷多時，不禁心旌搖蕩，神魂飛越。這個女子不是別人，正是京師大名鼎鼎的首席紅牌李師師。

李師師何許人也？原來她是汴京東二廂永慶坊染局匠王寅之女，師師呱呱墜地時，其母難產而死。師師4歲時，王寅因犯罪

繫於獄中，不久便撒手塵寰。

正在這時，一位姓李的歌妓收養了她，於是師師改姓李，人們也都以李師師稱呼她了。流年似水，韶華易逝，在李某的撫養下，師師由一個不諳世事的孩子成長為大姑娘，不但風情萬種，艷冶無匹，而且曼吟低詠，歌喉婉轉，餘音繞梁，在教坊中獨領風騷，馳譽京師。

李師師名噪一時，徽宗平時早有耳聞，自然也想獵艷。好不容易等到了夜晚，徽宗微服來至李姥所居之地。師師並不知道她接待的就是當今天子，李姥怪她冷落客人，師師認為趙乙不過一名富商而已，不值得巴結。而京城人言籍籍，傳說來李師師家的所謂富商就是當今皇帝，李姥恐慌不已，怕有斧鉞之誅。

李師師從容說道：「天子既肯光顧，必不肯要我性命，不須杞憂。」事實證明了師師的揣猜，徽宗亮明身分後，派張迪賜給師師一架蛇跗琴。所謂蛇跗琴，指琴盒七漆有黑紋，如蛇腹下的橫鱗，這些橫鱗稱之為跗。此琴價值連城，乃大內所藏珍品，輕易不肯示人。徽宗為博佳人青睞，不惜一擲千金，置帑藏於不顧。

不久，徽宗再次微服臨幸李師師家，徽宗這次臨幸李師師家，以「金勒馬嘶芳草地，玉樓人醉杏花天」名畫一幅賜之，又賞賜藕絲燈、暖雪燈等名貴燈籠十盞及名茶百斤、黃白金各千兩。此時宮中已把徽宗與李師師的風流韻事傳得沸沸揚揚，鄭皇后進諫說：「妓流乃下賤之人，天子不宜接納，且暮夜微行，恐怕事生叵測，願陛下自愛。」

徽宗果然有幾年未再去李師師家，一直到宣和年間，徽宗才又至李師師家，見醉杏樓上懸掛有他所賜的畫，戲稱師師為畫中人，賞賜珠寶無算。

為遊幸方便，採納張迪的建議，修建了一條地下道，從李師師家直通官掖，從此徽宗幽會李師師就方便多了。一直到金兵圍困汴京，徽宗禪位於欽宗，才斷絕了與李師師的往來。

以上所述乃根據《琳琅祕室叢書》中的一篇無名氏寫的《李師師外傳》，因為是小說家筆法，其中難免有荒誕不經之處，但徽宗與名妓李師師有一段感情糾葛，卻是千真萬確的事實。

《貴耳集》一書中有一則徽宗與著名詞人周邦彥發生糾葛的一段記載，頗可玩味：有次徽宗來到李師師家，師師的老相好周邦彥已先期而至。徽宗走到門口，邦彥方才得知，此時已無法逃逸，只得藏匿床下。徽宗手中拿著幾個橙子，高興地對師師說，此橙是江南剛剛送來的，送給妃子嘗新，兩人對坐閒談。他們兩人的談話，周邦彥聽得一清二楚。待徽宗走後，周邦彥根據談話內容，寫成一首《少年遊》詞：

并刀如水，吳鹽勝雪，纖手破新橙。錦幄初溫，獸煙不斷，相對坐調笙。

低頭問，向誰行宿？城上已三更，馬滑霜濃，不如休去，直是少人行。

李師師將此詞加譜演唱，在京城廣為流傳，也傳到了徽宗耳朵裡，便詢問李師師，此詞是何人所作？師師如實相告，係周邦彥所作。徽宗惱怒不已，坐朝時問蔡京：「開封府有監稅周邦彥其人，聽說他稅收未完成，京尹為何隱而不奏？」蔡京不解堂堂天子何以關心這一芥微小事，只得奏道：「臣對此事絲毫不知，容退朝之後喚京尹詢問，然後再回奏陛下。」京尹至，蔡京以聖意諭之，京尹說：「監稅官中只有周邦彥課額增羨，別人無法與

他相比。」蔡京沈吟半晌說：「上意如此，只得按旨行事，至於是非曲直，就顧不得許多了。」徽宗於是下旨，周邦彥因職事廢弛，即日離京外任。

　　隔了兩日，徽宗再次駕幸李師師家，卻未見到師師，問其家人，才知她為周邦彥餞行去了。徽宗只好坐等，至一更時分，才見師師歸來。只見她離索未解，淚光瑩瑩，花容憔悴，步履蹣跚。徽宗慍怒問道：「卿到哪裡去了，這麼久才歸來？」師師奏道：「臣妾萬死，得知周邦彥獲罪，即日押出國門，他與妾是舊交，聊備一杯薄酒相送，實不知官家到來。」徽宗見她如實相告，並無欺詐，顏色稍霽，復問道：「他臨走時可寫有詞嗎？」師師奏道：「有《蘭陵王》詞，如今稱作《柳蔭直》者便是。」徽宗命其演唱，師師討好說：「容臣妾奉陛下一杯酒，歌此詞為陛下祝壽。」一曲既終，徽宗轉嗔為喜，復召邦彥為大晟樂正，後來官至大晟樂府待制。

　　這一段描寫也很傳神，但其中有些細節可能不太真實，遂引起了後世學者質疑。

　　樂極生悲，好景不長。金人攻入汴京後，大肆勒索金銀，連李師師這樣的妓女也未能幸免，她辛辛苦苦積攢起來的家產，都成了金人囊中之物。徽、欽二帝成為金人的階下囚後，師師失去怙恃，飄零無依，只得隨著逃難的人群來到江浙，居無定所，生活拮据。

宋欽宗趙桓

此恨綿綿無絕期

宋欽宗趙桓，曾名亶、烜，是北宋末代皇帝，生於元符三年（1100年）四月十三。崇寧元年（1102年），改名桓。宋徽宗長子。初封韓國公，後晉封京兆郡王、定王。政和五年（1115年）立為皇太子。宣和七年（1125年）臘月，金朝舉兵南侵，徽宗下罪己詔，傳位於趙桓，以穩定人心，是為欽宗。

即位後，改年號靖康。在李綱等主戰派要求下，欽宗被迫下詔拒敵。軍民協力，挫敗金兵對開封的圍攻。開封緩解後，派要員赴金營求和，接受屈辱性條件。時數十萬勤王軍已至開封，他卻依賴主和派，並罷黜李綱，渙散軍心。

靖康元年（1126年）金兵再南犯，攻破開封。欽宗接受金朝條件，下令搜刮民政獻敵，並令各州縣投降。次年，被迫親赴金營，被扣。金兵大肆勒索掠奪後，俘徽宗、欽宗及宗室、后妃等數千人，及教坊樂工、技藝工匠等，攜大量禮器、珍寶北去。北宋遂亡。

他與徽宗先後死於金朝五國城（今黑龍江依蘭）。在位一年零兩個月。紹興二十六年（1156年）死於五國城，享年57歲，葬於永獻陵。

六甲神兵：揭祕趙桓迷信祕聞

　　北宋末年，金兵前鋒進逼北宋都城汴梁，宋欽宗如熱鍋上的螞蟻，幾次選帥也無能人應詔。一天，忽然有一個叫郭京的禁軍士兵自告奮勇，說他會「六甲法」，可以把金兵全部消滅，並能生擒金兵主帥粘罕。宋欽宗一聽，頓時喜出望外，馬上召他入朝，授以官爵，賜金帛數萬。

　　郭京奉旨，在京中招募「六甲神兵」，所招人數7777人，招兵的年齡不拘老少，也不問有無武藝，只要生辰八字相符即可。結果所招之兵除了市井無賴，便是少年頑童，完全是一夥烏合之眾。郭京稱這些兵為「六甲力士」，並在他們當中大封「天兵天將」。郭京吹噓，只要他的「六甲神兵」一出戰，就會把金兵趕過陰山去。然而宋欽宗一次次催他出戰，他都一拖再拖。直到金兵兵臨城下，他才同意和敵軍「交戰」。「交戰」時，郭京又要求把原先守城的宋兵一律撤回，原因是「六甲神兵」與敵交戰時，有人觀看就不靈驗了。欽宗聽信了他的話，把守城士兵撤了下來，致使數十里長的城牆上沒有守兵防守。

　　「交戰」開始了，郭京坐鎮城門樓上指揮「六甲神兵」出城，剛過護城河便被金兵殺得大敗。眼看金兵用雲梯攀上城牆，郭京忙說：「這必須我親自去作法。」說罷下城，率領殘餘「神兵」而去，逃得無影無蹤。在宮中的徽、欽二帝因此被俘，歷時167年的北宋王朝就此滅亡了。

身後謎團：趙桓死因之謎

靖康二年（1127年）三月底，金人在立張邦昌為帝，擄掠了大批金銀財寶後開始撤軍。徽宗、欽宗及后妃、皇子、公主、駙馬等470餘人及教坊、宮女等數千人，統統作為俘虜，被押解北上。被押解宋人分作七批，陸續起程。

〔第一批〕宗室貴戚男丁2200餘人，婦女4300餘人，由都統多昂木押解，靖康二年三月二十七由青城國相寨起程。四月二十七抵達燕山，居甘露寺。此時，婦女只存1900餘人，男丁無考。次年七月金人又將他們遷往通塞州，臘月遷往韓州，此時男女合計只剩900餘人了。兩年之後遷往咸州。到了紹興元年（1131年）冬月，這支俘虜又減至500餘人，金人將他們遷往上京，男子編充兵役，女子充作婢女，把守宮院。

〔第二批〕徽宗妃子韋氏、徽宗第二十三子相國公趙楧、第二十五子建安郡王趙楧、鄆王趙楷及康王趙構兩人妻妾，富金、嬛嬛兩公主，鄆王、康王兩人女兒，共35人，由宗翰長子真珠大王設也馬、蓋天大王賽里、千戶國祿、千戶阿替計押解，於靖康二年三月二十八自壽聖院、劉家寺皇子寨起程，五月二十三入上京洗衣院。

韋賢妃是開封人，高宗生母。初入宮時為侍御，由郡君、婕妤升為婉容。康王出使金營時，徽宗又封她為龍德宮賢妃。高宗改年號為建元，遙尊她為宣和皇后，封其父韋安道為郡王，親屬

30餘人均封了官職。

紹興七年（1137年），高宗始知生母韋賢妃尚健在，哭著對大臣說：「宣和皇后春秋已高，朕甚為思念，不遑寧處，屈膝講和，正是為了迎接宣和皇后回朝。」

不久，遙尊為皇太后。韋后滯留金國，遲遲未歸，高宗常常對左右說：「金人若從朕請，餘皆非所問也。」大臣王倫使金歸來，說金人已答應放還韋后，不久，金使至宋，也稱韋后將返旆南歸，高宗預先為母親建造了慈寧宮，派莫將、韓恕為奉迎使，但金人仍羈留不遣。

被金人囚禁在燕京的宋朝大臣洪皓，設法弄到了韋后的親筆信，派人送給高宗，高宗大喜說：「遣使百輩，不如一書。」紹興和議成，金人遣使議和，高宗又說：「朕有天下，而養不及親。徽宗無及矣！今立誓信，當日言歸我太后，朕不恥和，不然，朕不當用兵。」金使歸國，高宗再次提醒他們說：「太后如能平安歸來，朕自當謹守誓約；如太后不歸，雖有誓約，亦是一紙虛文。」又命大臣何鑄、曹勳赴金國報謝，兩人辭朝時，高宗又特地囑託：「朕北望庭闈，無淚可揮。卿見金主，當曰：『慈親之在上國，一老人耳；在本國，則所係甚重。』以至誠說之，庶彼有感動。」金國既與宋朝達成和議，於紹興十二年（1142年），將韋后放還。

〔第三批〕欽宗妻妾、珠珠公主、柔嘉公主，共37人，由宗翰次子寶山大王斜保、蓋山大王賽里押解，於靖康二年四月初一齋宮起程。十八日抵燕京，居憫忠寺，十月與徽宗會合。

〔第四批〕徽宗及其子燕、越、鄆、肅、景、濟、益、莘、徐、沂、和、信十二位王子，安康、廣平兩郡王，瀛、嘉、溫、英、儀、昌、潤、韓八位國公，諸王孫駙馬，徽宗妻妾奴婢，共

1940餘人，由萬戶額魯觀、左司蕭慶、孛堇葛思美押解，於靖康二年三月二十七夜由齋宮及青城國相寨移至劉家寺皇子寨，二十九日起程。

〔第五批〕公主、王妃等103人，侍女120人，由宗望押解，於靖康二年三月二十九由劉家寺皇子寨、壽聖院起程，五月十九抵達燕京，居皇子寨府。

〔第六批〕貢女3180人，其他僧道、秀才、監吏、裁縫、陰陽、技術、影戲、傀儡、小唱諸色人等3412人，由右監軍谷神、左監軍撻懶等押解，於靖康二年四月初一自青城國相寨起程。五月二十七抵達燕京時，貢女只餘2900人，其他諸色人等剩餘1800人，不少人都死於途中了。

〔第七批〕欽宗、太子、祁王趙模、纓珞帝姬及大臣孫傅、何栗、張叔夜、司馬樸、秦檜、陳過庭等12人，侍女144人，由宗翰、耶律徐睹、等押解，於靖康二年（1127年）四月初一日從青城國相寨起程，六月初二抵雲中，七月初十抵達燕京，與徽宗相會。

靖康二年九月，金人因南宋兵盛，怕他們奪回徽、欽父子，便失去了同宋方討價還價的籌碼，將他們父子徙往中京（內蒙古寧城西大明城）。九月十三，徽、欽父子從燕京出發，燕京百姓與被俘來此的宋人揮淚相送於東門外，直至望不見徽、欽蹤影才嘆息而還，商賈罷市數日，用以表示對金人的不滿。出發之前，金人送絹萬匹作為路途費用，徽宗拿出一百五十匹分給仙露寺宗室做冬衣，宗室莫不感泣。

徽、欽父子跋涉了一個多月，於十月十八達到中京，棲身於故契丹宰相第中。這裡離燕京950里，及遼朝中京故城，院中共有五幢房屋，徽宗與后妃居住左邊的兩幢，欽宗與后妃居住右邊

的兩幢，中間的一幢由監管他們的金人居住。徽、欽父子所需生活費用，都從燕京運來，每兩月運送一次。徽宗眷屬千餘口，欽宗眷屬百餘口，費用浩大，金人又不按時發放糧食、衣物，致使他們生活困窘，每況愈下。

建炎二年（1128年）七月下旬，傳聞真定府獲鹿縣的張龔、燕山府潞縣的楊浩糾約五馬山義軍馬擴、玉田僧一行、中山劉買忙等打算攻佔真定、燕山、易州、中山府等地歸宋，因走漏了風聲，計劃未能實現。

金人懷疑徽宗、欽宗父子從中插手，決定將他們徙往上京。徽、欽一行1000餘人，在經過長途跋涉後，於八月二十一抵達上京。第二天，金太宗把韋、邢兩位皇后及公主、王妃等人召入行幄。二十四日，金太宗決定讓徽、欽父子朝見祖廟，實際上是行獻俘之禮，以此來羞辱北宋君臣。

金兵逼著徽、欽父子除去袍服，其他人皆令脫去上衣，身披羊裘，腰繫氈條，入廟行牽羊禮。在一片胡樂聲中，金太宗親手宰殺兩隻羊供入殿中。然後又逼著徽、欽父子入御寨，拜見太宗於乾元殿。金太宗與皇后、諸王、郎君、大臣等騎馬先行，後邊是五面白旗，上面分別寫著「俘宋二帝」「俘宋二后」「俘叛奴趙口（構）母妻」「俘宋諸王駙馬」「俘宋兩宮眷屬」等字樣。宋俘虜一律金人裝束，跪聽金人宣讀詔書。

二十五日，金太宗封徽宗為昏德公，欽宗為重昏侯，鄭、朱兩皇后並封夫人，穿胡服歸第。康王母韋賢妃、皇后邢夫人以下300餘人沒為奴婢，入上京洗衣院，為金人浣洗衣服；另有400餘宮眷，送入元帥府女樂院，供金人淫樂。宮眷有孕者94人一律墮胎，有病者調理，以備採選。朱皇后不堪虐待，自縊不死，又投水斃命。那些美貌的女子，倘被達官貴人看中，便強行取入宮

中。金太宗便從賞賜給諸王、郎君、萬戶的婦女中掠取24歲以下114人入宮，諸王子從浣衣院中取走婦女300餘人。

徽宗、欽宗父子在上京剛剛安頓下來，這年十月，金人再徙兩帝及諸王、駙馬、內侍、宮眷於韓州，但入洗衣院及元帥府女樂院者不得隨行。濮王仲理貧病交加而死，和王趙栻死於赴韓州途中。

仲理這一支剩下的900餘人，金人也把他們遷往韓州，讓他們自耕自食。在成為奴婢的人中，那些不會紡織的男子無衣可穿，只能終歲裸體。金人中有好心腸的，改讓這些人執炊，這樣可以取暖。但一旦外出取柴，再坐火邊，皮肉即一層層脫落，幾天內便在痛苦中死去。有手藝者如醫人、繡工之類，境遇稍好。能夠演奏樂曲者，可在宴會上演奏，但酒闌客散之後，仍得從事奴隸勞動。因此，這些宋俘在金人眼中，已不再是人。

建炎四年（1130年）七月，金人再徙徽、欽父子於五國城金太宗命令減少隨行官吏，諸色人等均不得攜帶。徽宗請求多帶一些隨從，被金人拒絕，只帶了和奕郡王有奕，永寧郡王有恭，燕王府節使有章、有亮，越王府節使有仲、有德六人。當時鄆王趙楷已死，宗室仲甗等500餘人、內侍黎安國等300餘人，遊離咸州道中，到了紹興元年（1131年）近支宗室仲恭、仲甗等500餘人才遷往上京。

紹興五年（1135年）正月，61歲的金太宗吳乞買崩逝，太祖阿骨打之孫完顏亶即位，是為熙宗。二月間，韋賢妃從上京洗衣院獲釋，來到五國城與徽宗相聚。四月二十一，心力交瘁的徽宗，一病不起，終年54歲。

當時滯留在燕山的宋朝兵部侍郎司馬樸、朱弁喪服哭祭，朱弁的《送大行文》中說：「臣等茂林豐草，被雨露於當年；異城

殊鄉,犯風霜於將作。節上之旄盡落,口中之舌徒存。」由徽宗的死想到自己的際遇,真是無限辛酸!囚禁在金國的洪皓,也派人到燕山建道場作功德,「諱日操文以祭,其辭激烈,舊臣讀之皆揮涕。」

徽宗病歿於五國城時,欽宗捶胸頓足,痛不欲生,身心受到很大刺激。紹興十一年(1141年)宋金達成紹興和議,兩國關係有所緩和,金熙宗完顏亶贈已故的徽宗為天水郡王,改封重昏候趙桓為天水郡公,賜第上京。次年三月,高宗之母韋太后自五國城歸宋,欽宗挽住她的車輪,請她轉告高宗,若能歸宋,自己當一太乙宮主足矣。但高宗怕其兄回來爭奪帝位,內心不肯管欽宗的死活!倒是金熙宗得知欽宗度日維艱,萌生了惻隱之心,令有司周濟之。這樣欽宗才得以苟延殘喘,忍辱偷生。

紹興二十六年(1156年)六月初十,57歲的欽宗趙桓因患風疾,病歿於五國城。但直到紹興三十一年五月,凶訊才傳到江南。六月初二,高宗詔告天下,說:「恩莫隆於兄弟,義莫篤於君臣,朕之大欲,蓋在乎此。天不我與,其又何尤!」七月間,上尊謚為恭文順德仁孝皇帝,廟號欽宗。

宋高宗趙構

泥馬安能渡康王

宋高宗趙構，字德基，宋徽宗趙佶第九子，宋欽宗趙桓之弟，南宋第一代皇帝（1127年—1162年在位）。年號先後為建炎、紹興。宋徽宗宣和三年（1121年）封為康王。欽宗靖康元年（1126年）春，金兵第一次包圍開封時，他曾以親王身分在金營中短期為人質。當年冬，金兵再次南侵，他奉命出使金營求和，在河北磁州（今屬河北）被守臣宗澤勸阻留下，得以免遭金兵俘虜。金兵再次包圍開封時，受命為河北兵馬大元帥。宋廷令其率河北宋兵救援京師，但他移屯大名府（今屬河北），繼又轉移到東平府（今屬山東），以避敵鋒。

宋徽宗和欽宗為金兵俘虜北去，他於次年（1127年）五月初一在南京應天府（今河南商丘）即位，改元建炎，成為南宋第一代皇帝。

宋高宗在當了36年皇帝以後，於紹興三十二年六月以「倦勤」，想多休養為由，傳位給養子趙昚。他自稱太上皇帝，退居德壽宮。

宋孝宗淳熙十四年（1187年）十月，趙構病死於臨安宮中的德壽殿，終年81歲。死後的廟號為高宗，葬於永思陵（今浙江省紹興縣東南18公里處寶山）。

脫離虎口：趙構逃脫金營之謎

靖康元年（1126年）正月，金兵大舉圍攻北宋都城汴梁，幸有李綱率領汴京軍民奮起抗戰，才連連擊退了金兵的進攻。金軍右副元帥斡離不見一時難以攻破汴京，而且宋朝各地的勤王軍隊也已陸續趕來，便打算退兵北還。

斡離不停止攻城，遣使至城中議和。其議和條件甚為苛刻，計有如下數條：

（一）宋向金輸送犒軍費黃金五百萬兩，白銀五百萬兩，錦緞一百萬匹，牛馬一萬頭；

（二）宋帝尊金帝為伯父；

（三）將留在宋朝境內的燕雲十六州之民歸還金國；

（四）割讓太原、中山、河間三鎮之地給金國；

（五）宋廷須派一名親王、一名宰相為人質，送金軍過黃河北退。

宋欽宗早就被金軍嚇得寢食不安，聞金帥願意議和，喜不自勝，當即全部答應下來。

在考慮人質的人選問題時，宋欽宗立刻想到了康王趙構。因為當時宋徽宗在金軍圍攻汴京前，已帶著諸子、后妃逃離了京城，留在京城的親王，只有徽宗的第九子趙構和第五子肅王趙樞。人質只能從趙構和趙樞二人中選一人。

趙樞與趙構並非一母所生，平時根本談不上什麼兄弟感情。

趙樞比趙構年齡大，資格老。於是，做人質的「重任」便落到了趙構的身上。

《宋史‧高宗紀》載：「欽宗召帝諭指（旨），帝慷慨請行。遂命少宰張邦昌為計議使，與帝俱。金帥斡離不留之軍中旬日，帝意氣閒暇。二月，會京畿宣撫司都統制姚平仲夜襲金人寨不克，金人見責，邦昌恐懼涕泣，帝不為動，斡離不異之，更請肅王。癸卯，肅王至軍中，許割三鎮地。進邦昌為太宰，留質軍中，帝始得還。」

這段記載的意思是：欽宗將趙構召到宮中，把想令趙構到金營中為質的事說了，趙構很痛快地接受了這一使命。於是，欽宗任少宰張邦昌為計議使，與趙構一起去。金帥斡離不將趙構、張邦昌留在金營十餘日，趙構在金營心平氣和，若無其事。

二月，宋將姚平仲夜襲金營，反被金軍擊敗，金人以此事責問趙構與張邦昌，張邦昌嚇得哭哭啼啼，而趙構卻泰然自若，斡離不感到很驚異，遂要求宋欽宗改派肅王趙樞來做人質，換回趙構。趙樞至金營，答應割讓三鎮之地。宋欽宗又進封張邦昌為太宰（「太宰」相當於尚書左僕射，即左丞相；「少宰」相當於右僕射，即右丞相），令之留在金營為質，康王才被金人放回。

趙構到金營做人質，是其第一次在政治舞台上亮相。根據正史的記載，趙構無疑是以一個大無畏的民族英雄的形象亮相的，應該博得人們的喝彩。

然而，這段記載也給後人留下了一個大的疑問：究竟是什麼原因，令斡離不要求宋朝更換人質，用肅王換回康王？

《宋史》的這段記載與宋人李心傳的《建炎以來繫年要錄》、熊克的《中興小記》及清人畢沅主持編著的《續資治通鑒》等書所載大同小異。

關於趙構在金營中的表現，諸書都用了這樣一個詞：「意氣閒暇」。當金人責問趙構、張邦昌時，趙構「不為動」。

何謂「意氣閒暇」？當然可以解釋為心平氣和、若無其事；何謂「不為動」？當然可隊解釋為泰然自若、不卑不亢。

那麼，既然趙構有一股大無畏的英雄氣概，英武非凡，斡離不為什麼要突然將他放回呢？

大凡做人質者，必須是敵對雙方皆認為很有價值的人。如果趙構果真「英明神武」，斡離不豈會輕易放虎歸山？

有人本著「為尊者諱」的傳統為趙構被放回一事解釋說，趙構在金營，與金太子（疑指斡離不）比試箭法，趙構三箭皆中，金太子「以為此必揀選宗室之長於武藝者冒名為此」，即認為趙構是將門之子，並非親王，因此才要宋廷換人。趙構被釋放後，騎崔府君廟中的泥馬渡過黃河，逃離虎口（見《南渡錄》）。

此說殊不可信。若斡離不懷疑宋欽宗用假親王來欺騙他，定會遣人去責問宋欽宗。況且，金營就在汴京城外，黃河之南。如果趙構渡河而逃的話，只能是向北方逃往金國，絕不會回到京城。

那麼，斡離不到底為什麼要換回趙構呢？清代學者洪亮吉、紀昀等編著的《歷朝史案》這樣

宋高宗

解釋道：「……（趙構）曩者為康王時，與邦昌為質於金，邦昌垂涕乞憐冀金人之立己也（按此說與史載有誤，張邦昌並未在做人質時便希望金人立自己為帝），康王不為動，金人異之，異其身為親王，厚在強辭加罪，不能抗辯力爭，而並無愧奮憤怒之情，一如木偶無知。疑南朝擇一痴漢，投畀（扔給）有北（指金營）。故遣使致責更索他王為質，而縱與邦昌俱還也（按此有誤，金人只放回趙構，張邦昌依舊留在金營做人質）。若見康王魁梧奇偉，大有丈夫氣，豈肯縱虎自貽患乎？」

此說認為，趙構進敵營後，便成了木頭人，斡離不認為趙構是個「痴漢」，即傻子，因此才要求換肅王為質。

分析起來，此種解釋頗有道理。正當宋朝岌岌可危、趙構面臨國破家亡的危急關頭，作為趙宋皇朝親王的趙構卻「意氣閒暇」，若無其事，在金將責問之時，趙構「不為動」，毫無羞恥心、榮辱感，即使不是「痴漢」、「木偶人」，也是個毫無心肝者。而且，「意氣閒暇」、「不為動」這樣的模糊字眼，解釋為「麻木不仁」、「木呆呆」，似乎也沒有什麼不可。

也許，趙構進金營後，用的是韜晦之計，學孫臏裝瘋賣傻，終得脫離虎口。然而察看趙構一生的所作所為，他似乎缺乏這樣的機智。

不管怎麼說，趙構僥倖脫險了，肅王趙樞則被金人扣留，一去不復返，終被幽死金營。

趙構被金人放回，與秦檜從金營逃回，是兩個歷史謎案，頗耐人尋味。

帝王傳奇：泥馬渡康王

「泥馬渡康王」講述的都是宋高宗趙構的故事。

相傳北宋靖康三年，金軍攻破東京汴梁後，擄徽、欽二帝北撤。時金國完顏皇帝降旨，將二帝幽禁於北國五國城不得釋放。隨即又派四太子會斡離不南侵。會斡離不起胡兵十萬，從太原進發。哨馬報至中原，百姓如驚弓之鳥，四下逃生。金軍行至河北真定，會斡離不聽聞自宋朝二帝被俘後，朝臣們推舉康王趙構主持朝政，便生一計，預派人向康王下書，讓他到軍中議和，方肯退兵。不然，大軍再抵汴梁，寸草不留。

康王接書後十分慌亂便於朝臣協商，有一奸臣名王雲，本為金國內奸，花言巧語力勸康王為社稷蒼生前去議和。那康王生性柔懦，無決斷便聽信了王雲之言，不顧其他朝臣的勸阻，命王雲為副使，和他一起前去議和。臨上車時，康王想想不對勁，又不想去。王雲則仗金人之勢，又以彼強我弱為藉口，脅迫康王上車，更無君臣之禮，送行的大臣們一個個恨得牙根癢癢的。

他們一行人走到相州時遇到宗正少卿宗澤，宗澤是抗金名將，岳飛的老師。宗澤聽說康王要去金營議和，知道是鴻門宴，便攔住康王勸以要害。王雲還想再次脅迫，被宗澤率軍殺死。康王方如夢初醒，趕忙調轉馬頭就跑。會斡離不開始聽王雲密報，知道康王上當還揚揚得意，不久聽哨馬來報說王雲被宗澤所殺，康王跑了。後悔不已，急忙率軍來追，不想被宗澤攔住，兩軍一

通廊殺。康王則馬不停蹄，不回汴梁直往南跑，他知道金軍勢大，汴梁經歷一番戰火後是守不住的。這一路換馬，一直從黃河邊跑到了長江邊，金軍衝破了宋軍阻攔，也馬不停蹄向南追來。

康王到了江邊，馬已累死，只得先找個地方歇腳。向逃難的百姓們一打聽才知道到泰興縣。當時泰興縣還沒有西鄉的過船、蔣華、大生等鎮，長江緊挨著縣城。因為早就聽傳金兵要來，縣官及大部分百姓早就逃過江去了，留下了一座空城，只有城中的一座小寺院還有兩個留著看廟的老僧。寺院門前有兩匹泥塑的馬，看匾額名叫「圓悟堂」。

康王走了進去，也沒人招呼，筋疲力盡的他一屁股坐在大殿的蒲團上稍作喘息。回過神來後，他環顧四周，只見彩塑的佛菩薩像莊嚴華麗，牆上壁畫精美絕倫，便生了歡喜愛慕之心。於是撩起衣袍跪倒在佛像前暗暗祈禱，懇求佛菩薩保佑他脫此大難，日後若登大寶必定重整河山、保境安民，重修廟宇，再塑金身。發此願後，便倒在了蒲團上呼呼大睡。

少時近二更時分，金兵數十鐵騎搶入寺來，舉起火把，四下搜尋。康王驚醒，忙躲於佛像身後，瑟瑟發抖。一會兒，聽見有人說，只有兩個老和尚，其他什麼人也沒有。一定是過江去了，快追！金兵們急忙擁出寺院上馬走了。

康王始安下心來，躺在佛像身後朦朧欲睡。忽然聽見耳邊有人大喝：「快起來上馬，追兵又來了！」康王嚇得跳了起來，茫然說道：「馬已累死了，叫我如何跑得過金人鐵蹄！」那聲音又說：「已備下馬了，大王只顧快馬加鞭，不要猶豫了。」康王急忙跑出寺外，只見星光下，果然有匹馬打著響鼻立在台階旁。於是抽身上馬加上三鞭，疾向城外狂奔。

天未明，已至江邊，只見江水滔滔，大浪拍岸，無船無渡，

兩眼一黑，差點暈了過去。身後已見火把點點，耳聞馬蹄噠噠，向江邊移來，已是窮途末路，生死關頭。驚慌之下，提起繮繩，向馬屁股上狂抽一鞭，欲跳江自盡。只見那馬長嘶一聲，跳入濤濤江水中，康王一閉眼，只覺得周圍濤聲陣陣，水響隆隆，不時有水珠打在臉上，也不敢睜眼，只得聽天由命。

　　約過一個時辰後，聽見水聲變小了，心想莫不是已到了陰曹地府？壯著膽子睜眼一瞧，人馬俱已站在了江岸上。康王定下神來，一看已到了對岸，佛菩薩相助，便鬆了一口氣，下馬朝江北遙拜，再牽馬時，只見馬僵立不動，定睛一看，原來是泰興圓悟堂前的一匹泥馬。康王趕忙又跪下朝渾身是水的泥馬拜了三拜，起身離去。

　　行至一村，覺得腹中飢餓，便向村民討點吃的，順便一打聽方知已到武進縣界。那村民告訴他，幾個時辰前有幾十個胡人騎著馬在追一個人，還向他們打聽康王的下落。村民們知道被胡人追的一定是好人，於是哄他們說康王已過去兩天了，那些胡人聽了跺著腳著說：「可惜，可惜。」便搶了船回去了。

　　康王趙構一直逃到臨安，果然即位成了皇帝，廟號高宗。安頓下來後，他專門派人到江北泰興縣重修了圓悟堂，賜名「慶雲禪寺」，一直相承至今。

美女試探：趙構立儲祕事

趙構雖然嬪妃如雲，但親生兒子只有元懿太子一人。偏偏這位太子很短命，年僅三歲就夭折了。據說，太子在睡覺的時候有宮女碰倒火盆，愣被嚇死了。而在金兵南侵過程中，趙構不幸受驚嚇而不復生育能力。這樣他就只能從宗室擇近挑選。

可是，靖康之難，北宋滅亡，太宗這一支3000餘人都被金兵帶到漠北勞動去了，基本就剩他一個了！趙構40歲左右時就開始為立儲之事發愁了，不想夢到太祖托夢與他，告訴他「斧光燭影」的故事，趙構心中不安，決定效仿太祖再把皇位傳給太祖的後人，這一想法既出，立即得到了太后、皇后與大臣們的認同，都說應該還位給太祖一脈。

但到底立誰呢？自太宗以「兄終弟及」方式獲取皇位，直至高宗趙構，均出自太宗一脈。太祖在「斧光燭影」中不明不白死去，其兒子德芳、德昭也隨後無故早死，給後人留下了千古之謎，但好賴留下了一脈之後，且在靖康之難中幸免南逃至臨安落根，細數太祖後裔也達到了1600餘人。

按趙構兒輩「伯」字輩中由大臣們幾經周折，挑選了兩個六、七歲的孩子，即伯琮和伯玖這哥倆，分別賜名瑗和琢，一並送到宮裡先培養起來，接受考查，也來個競爭上崗。紹興十二年（1142年）分封為普安郡王和恩平郡王。

十多年過去了，趙構自然不可能再有半兒一女，而太后也終

於崩逝慈寧宮，在這倆兄弟裡選擇一個正式的接班更顯得是當務之急。趙瑗（伯琮）性情恭儉，勤敏，好讀書，趙構比較傾向選他做接班人，但是不受秦檜的喜歡。但另一個候選人趙琢（伯玖）在太后、皇后那兒挺有人緣，秦檜也極力推薦伯玖。

高宗趙構沒有輕易相信皇后和秦檜，也沒有自個兒做主。為了檢驗二人品質優劣，想出了一個令後人瞠目結舌卻又非常有效的辦法，而又顧及皇后和群臣意見，實則兩全其美。

他選了二十名美貌宮女，平分給兄弟倆。趙琢得了十名美女，左抱右擁，其樂陶陶。趙瑗得了十名美女，但聽從了史浩的意見，只是安排她們做點事，毫無相親之意。

幾天後，高宗將宮女召回，經過檢驗發現，在瑗邸內十人，均尚完璧；在琢邸內十人，盡已破瓜。趙構與皇后說明情況，皇后倒也挺明理，完全同意他的看法。

紹興三十年（1160年），高宗趙構下詔立趙瑗（伯琮）為皇子，更名為瑋，封為建王。趙琢嘛，也沒虧待他，加封開府儀同三司，判大宗正司，改稱皇侄，仍將宮女一律給還，供其賞玩。

紹興三十一年（1161年）九月，金廢帝完顏亮撕毀和議，再次大舉南侵。在采石磯（今安徽省馬鞍山市西南）為虞允文統帥的宋軍所擊敗，使南宋再次轉危為安。不過高宗屈辱求苟安的國策遭到了軍民的強烈反對，而使他的統治難以繼續維持。

高宗倍感身倦神疲，屢與宰相陳康伯等商議，以年老厭煩政務和想以「澹泊為心，頤神養志」為藉口，久有禪位於皇子之意，御筆賜伯琮字元永。

紹興三十二年五月，高宗下詔正式冊立其為太子，改其名為昚；六月宣布退位，禪位於太子趙昚，自稱太上皇，退居德壽宮。

孝宗是宋太祖的七世孫,太祖之子秦王(即八賢王)德芳的後人,他以仁孝博得高宗的認可。

孝宗登基後,定年號「隆興」,勵精圖治,立志光復中原,大有復興南宋之志。遂即恢復名將岳飛諡號「武穆」,追封岳飛為鄂國公,剝奪秦檜的官爵。面對金國咄咄逼人的態勢,孝宗主動出擊,進行「隆興北伐」,南宋朝野頓時為之一振,全國上下群情激昂。

奴顏婢膝：解密趙構政治「陽痿」

心理研究表明：正常男子長時期失去性能力會使男性形成嚴重的自卑情結，甚至有可能使男性產生性自虐或虐待他人的行為。自卑可有多種表現方式，最明顯的表現是退縮或過分地爭強好勝。而南宋高宗趙構在兩個方面都有「極佳表現」，一方面，他不敢對強敵金人說「不」字，甘願成為金國的兒皇帝；另一方面，對內自己掌握的一畝三分地上，嫉賢妒能，殺害保家衛國的抗敵英雄。而這一切都注定了南宋小朝廷的命數。

研究宋史的人都會發現，宋朝的皇帝們大多是十分懦弱窩囊的，其中尤以宋高宗趙構為最。趙構生於北宋大觀元年（1107年），為徽宗第九子。母親韋氏是一個地位較低的嬪妃，所以不受徽宗的寵愛。趙構本與皇位無緣，但在靖康之變中，趙宋宗室多被金兵擄去，唯有趙構成了漏網之魚，所以「中興之主」的位置非他莫屬。靖康二年，趙構登基，重建趙宋政權。

從武功高手到奴顏婢膝

早年的趙構，是武功高手和主張抗金的明君。早年趙構曾是武功高手，喜歡騎射，是一條堂堂好漢。史書載：皇九子趙構的生母韋妃出身卑賤，不得徽宗寵愛。趙構深知自己難承大統，早年苦練騎射，精工詩畫，以盼引起父皇的垂青。後來趙構果然引起了父皇喜歡，15歲時被晉封為康王。

靖康元年正月，金兵攻至開封城下，宋廷向金求和，金人要求以親王、宰相為人質，方可退兵。欽宗命康王趙構前往金營，並被軟禁了20餘天。一次被邀展示箭功時，趙構竟連發數箭皆中靶心，金人因此竟懷疑趙構是否是康王，就將其遣返。

趙構登基初，曾起用抗戰派將領李綱為相，讓宗澤做東京留守官員，發動軍民抗金。那時趙構很想收復中原，對岳飛等抗金將領獎勵有加。趙構還曾為岳飛手書「精忠岳飛」，托以「中興大業」。

趙構越來越懦弱，甚至對外敵奴顏婢膝。但從建炎元年開始到紹興八年的十餘年間，高宗一直輾轉在東南沿海各地，躲避金軍。他否定了張浚「權都建康，漸圖恢復」的建議，向南逃往到臨安。東京留守宗澤想渡河北伐，力勸高宗回汴京坐鎮，高宗趙構卻置之不理，沈迷南方一隅。後來，高宗變得如其父、兄一樣，畏敵如虎，為保皇位而一味求和苟安，大量啟用了投降派官員，把宋軍防線由黃河一線南移至淮、漢、長江一線。使得金兵分兵三路輕易即渡過黃河，並在不到三個月之內即佔領了西自秦州、東至青州一線之廣大地區。

當岳飛、韓世忠等將領成功阻擊金兵，趙構得以進駐杭州，坐穩江山，他便徹底不思進取了。權奸秦檜的投降主義路線很合趙構胃口。

趙構一天天昏了，沈浸在歌舞昇平中，直把臨安作汴京。1141年，趙構不惜自毀長城，批准秦檜以「莫須

岳飛

有」的罪名殺岳飛，與金國簽訂了「和議」，每年向金國貢幣50萬，一半是白銀，一半用絹匹。

生理陽痿導致人格陽痿

趙構為何從主張抗金到對金如此奴顏婢膝？變得一點男子漢氣概都沒有？學者認為這是趙構的生理陽痿所導致的結果。

趙構年輕時曾生育過兒女各一個，但後來因陽痿而不再生育。關於趙構的陽痿，史書是這樣記載的：建炎三年二月間，金朝宗翰派兵奔襲揚州，攻陷天長，前鋒距離揚州城僅有數十里。一天深夜，高宗正與一位宮女作樂，突然宮外大呼「金兵渡江了」，高宗慌忙帶領少數隨從乘馬出城，疾馳至瓜洲渡江逃跑。這次突如其來的驚嚇，使得高宗患上了嚴重的陽痿，並從此失去了生育能力。

現代醫學認為陽痿可分為原發性和繼發性。原發性是指生來就沒有性能力，而繼發性曾有正常的性能力，而因某突然事件而失去了性能力。趙構就是由心理原因造成的繼發性陽痿，但其嚴重程度卻幾乎等同於原發性。

性心理學的創始者靄理斯指出，正常男子長時期失去性能力會使男性形成嚴重的自卑情結，甚至有可能使男性產生性自虐或虐待他人的行為，借以發泄其性挫敗感。

這在電影《菊豆》中有突出的表現：染坊老闆楊金山為了傳宗接代，續弦娶了小他30歲的年輕姑娘菊豆為妻，卻因為沒有性能力而不斷虐待菊豆而獲取慾火的精神釋放。

自尊是人的基本需要之一，當男性發現自己有了這個毛病之後便開始通過對女性配偶的施虐或者其他一些畸形方式來顯示自己的「外強」，用來掩飾自己「內心的中乾」。作為一國之君的

趙構自患陽痿後，不斷納妃，特別是其晚年，納取的妃子盡是二八妙齡的少女，這引起了吳皇后的嚴重不滿。這也是其趙構因失去性能力心理扭曲的典型表現。

對岳飛的殺害是因嫉妒心理

岳飛本是一位天才的軍事家，是上天賜予南宋的救星，是統一中原的希望所在。可惜統治者最需要的是奴才，而不是將才，有傑出才能而又有傲骨的岳飛是不能為趙構──秦檜集團所容的。岳家軍真的「直搗黃龍府」，救回徽宗、欽宗皇帝怎麼辦？岳家軍、韓家軍、楊家軍、張家軍、劉家軍滅了金國，功高權重，難保沒有人要謀反？

皇帝趙構不能沒有自己的小算盤，他權衡來權衡去，只有照秦檜的意見辦，簽訂「和議」最保險。儘管偏安一隅，儘管要用大量財物進貢金國，但父親和兄長不能來爭奪皇位，臣下手中也沒有重兵，這不就天下太平了麼！處死岳飛就是向金國表示求和的誠意，趙構斷然與秦檜站到了一起。

當然，殺岳飛的另一個原因是趙構潛意識中深刻存在但不願意承認的，那就是趙構對岳飛的嫉妒心理在作怪。趙構因陽痿而在一定程度上喪失雄性特徵，成為了半個太監。這也使他在心理上認同太監心態──自卑、敏感、矯情、狠毒、女性化。與此相反，岳飛則因為在疆場上屢屢得手而成為國人心目中的超級英雄，這種反差也會令趙構這個超級弱男倍感不適的。所以，我們有理由懷疑，趙構批准秦檜殺岳飛，也與他曲扭心態有關。

至此，趙構生理上的陽痿轉化為政治上的陽痿心理軌跡已一清二楚了：因陽痿而自卑，因自卑而造成心理扭曲，因心理扭曲而誤了整個南宋政權。

生母淪落：趙構生母韋太后祕聞

靖康之亂後，宋高宗置父宋徽宗、兄宋欽宗於北國寒風凜冽的暗窖中不顧，讓他們「坐井觀天」，為保自己帝位，起用投降派秦檜，壓制抗戰派，貶逐忠良，殺害抗金名將岳飛。

為迎回了自己的生母韋氏，三個月後即完成「紹興和議」全部手續：重劃宋、金兩國的邊界，東以淮水中流、西以大散關為界，宋割唐、鄧二州（在今河南省內），又重定陝西地界，宋失去商（今陝西內）、秦（今甘肅內）兩州約一半土地予金。宋奉表稱臣於金，金冊宋主為皇帝。每逢金主生日及元旦，宋均須遣使稱賀。宋每年向金國繳納貢銀25萬兩、絹25萬匹。韋氏返回南宋後，被宋高宗封為太后。

韋太后究竟何許人也？她是宋徽宗的貴妃、宋高宗趙構的生母，南返後被封為「顯仁太后」。韋氏是開封人，靖康之役作為金朝的俘虜，被押解至上京（今內蒙古巴林左旗）洗衣院充作奴婢。被迫嫁給了蓋天大王為妾，並且生了二個孩子。蓋天大王賽里本名叫完顏宗賢，與海陵王同為丞相。

據託名為辛棄疾寫的《竊憤續錄》記載：紹興年間，宋欽宗被拘押在上京一寺中。一天，他偶然在牆壁的縫隙中，看見遠去的韋妃和一個金國的官長一起走，身旁還有一個奴婢抱著一個三、四歲的小孩。大人、小孩都穿著胡服，孩子喊韋妃為阿母，於是宋欽宗知道韋妃已成為蓋天大王的老婆了。

這則記載並非空穴來風,胡亂編造。只因趙構當了皇帝,堂堂天子之母曾經失身再嫁,未免貽笑天下,因此官史、私史都諱莫如深。

據《南渡錄》《竊憤錄》《南燼記聞》等書記載:蓋天大王說「自今以後,趙構須喚我阿爹」。

金人可恭的《宋俘記》就記載韋氏曾入「洗衣院」。所謂「洗衣院」其實就是變相的妓院,北宋的帝姬、王妃、皇妃都曾受到金人的凌辱。而且據《靖康稗史》記載:金朝官方出了一個告示,說:「允許宮奴趙構的母親韋氏、妻子邢氏和姜氏從良。並且金人還說,韋氏已經再嫁給金國的首領。」

其實,高宗趙構的母親韋氏與柔福帝姬在「洗衣院」難免會赤身裸體在多種場合經受非人的蹂躪。由於柔福帝姬不是重要的男性帝室人員,很容易逃出,後被南宋的蘄州地區將官送回行在(杭州)。韋氏又過數年,方才為其子宋高宗花大價錢贖回。當上了太后,韋氏自然不想讓別人知道自己在五國城難以啟齒的娼妓生涯,殺人滅口是理所當然的事。

據流傳一時的《李師師外傳》記載:1126年(靖康元年)末,金人破汴,主帥因久聞師師名,欲佔之,師師不從吞金簪自殺。如此貞節烈女的形象,自然為人們所津津樂道,所以也最被接受。

在民族危亡之際,前有張邦昌、劉豫,以堂堂士大夫卻靦顏事敵,甘心作偽朝之主,後有堂堂太后,苟且偷生,喪失名節,改嫁敵酋之事。積貧積弱的宋朝,帝妃公主、達官貴人連一個妓女都不如,北宋焉有不亡之理。

宋光宗趙惇

家有悍婦難抬頭

　　宋光宗名趙惇,孝宗第三子,生於紹興十七年(1147年)九月初四,43歲受孝宗內禪而登極繼位。僅僅過了兩年,趙惇就患上了精神疾病。在位5年,又退位,後病死,享年54歲,是南宋第三位皇帝。

　　宋光宗是宋朝所有皇帝中比較昏庸的一位。他受父宋孝宗禪位而登基做皇帝時,已經43歲。宋光宗體弱多病,又沒有安邦治國之才,而且光宗聽取奸臣讒言,罷免辛棄疾等主戰派大臣,又由當時著名的妒婦、心狠手辣的李皇后來執政,奸佞當道,朝政從宋孝宗時的清明轉向腐敗,宋光宗自己卻不思朝政,沈湎於酒色之中。

　　紹熙五年七月,嘉王趙擴在太皇太后的支持和大臣趙汝愚、韓侂胄等人的擁立下即位,逼迫光宗退位。光宗只好讓位於太子趙擴,自己閒居臨安壽康宮,自稱「太上皇」。趙擴主持完宋孝宗的葬禮,就登基做皇帝,是為宋寧宗。

　　慶元六年(1200年)春,皇帝趙擴從郊外祭祀回來,鼓樂之聲傳入深宮。光宗問是什麼事,左右回答說是街上百姓在奏樂遊戲。光宗大怒說:「你們這些奴才也如此欺騙我。」一拳揮出,因收制不住而跌倒在地,從此不起。八月,病死於臨安壽康宮,死後葬於永崇陵(今浙江紹興東南18公里處寶山),死後諡號循道憲仁明功茂德溫文順武聖哲慈孝皇帝。

過宮風波：解密皇帝的人倫問題

光宗作為精神病患者的猜疑心理，除去對宗室、大臣、侍從去世的申奏認定在誑騙他以外，集中表現在他與孝宗的關係上。前者顯然因受活生生的黃貴妃「暴卒」的刺激，是那種難以置信的心理的一種推廣。後者的情況較為複雜：孱弱無能的兒子在威嚴強幹的父親長年震懾下，容易形成一種壓抑扭曲的心理。

而孝宗在皇位繼承人選擇上的表態，則使光宗認為不僅對嘉王的皇太子地位，甚至對自己的皇位，都是一種警告和威脅（雖然實際上完全沒有光宗想像的這麼嚴重）。

這種揮之不去、思之即來的心理陰影，在發病以後遂由潛意識變為病態的妄想，理智極難控馭。如果周圍的人們能施以積極地暗示，光宗的疑疾自會減弱或消除，怎奈李皇后與左右內侍們不斷的讒言，恰恰是一種相反的暗示，於是，光宗猜疑的妄想遂成定勢的錯覺。

從發病到退位的兩年半時間裡，光宗在這種疑忌心態的支配下，在一月四朝重華宮的問題上，固執己見地延宕、推托和拒絕；而群臣則敦促、諷諫、譴責。君臣互相爭勝，使過宮風波愈演愈烈，如痴如狂，成為紹熙政治史上一齣大戲。

光宗的精神病來勢凶猛，紹熙三年（1192年）正月，才暫停服藥沒幾天，連登樓都乏力，他還是抱病前去重華宮看望了太上皇帝和太上皇后。那天，臨安紛紛揚揚下起了大雪，愛看熱鬧的

行在百姓夾道佇立,見到光宗車駕衝風冒雪,由大內往重華宮進發,都感慨天子之孝前古未有。

孝宗見後,愛子情切,便對他說:「病體還沒恢復以前,不必過宮問安了。」二月三日,按慣例又是朝重華宮的日子了。光宗說是生瘡,讓大臣代他前往北內行恭謝禮。從此以後,光宗方面,讒言的暗示對他漸起作用,一而再,再而三地廢了一月四朝之禮;孝宗方面,先是顧惜兒子的身體,繼而為兒子卸掉些不孝的惡名,也一再傳旨免去過宮。

只要不觸及精神上的忌諱點,光宗神智漸清,一如常人,也開始臨朝如禮,雖然還是御內殿。對他長期不朝重華宮,臣僚們認為有失人子孝道,更何況貴為天子,又有孝宗垂範在前呢?

於是他們開始進諫,祕書省正字項安世上書說:「陛下之仁,足以澤被天下,卻不能施愛於庭闈之間;陛下之量,足以接納群臣,卻不能容忍於父子之間。父子之情,無法割斷。陛下聖心一回,何必擇日?即日就駕,就在反掌之間。」光宗不報。

半年過去了,他始終沒有到過一次重華宮,每到一月四朝的日子,總找些理由一再改日和展期,疑懼心理使他視南內到北內的御街為畏途。後來,光宗乾脆推說太上皇帝讓我免赴重華宮。

壽皇對光宗不來看望他,既不快,又想念,經伯圭一勸解也就釋然了。在汝愚規箴、伯圭斡旋下,光宗與李皇后在四月十二日同赴北內,一家子人從容盤桓了一整天才散。四月二十九日,光宗還陪同太上皇帝和太上皇后遊覽了聚景園。當初孝宗為奉養太上皇帝高宗而建造的這一名園,西臨西子湖,是行都最大的御園。今天光宗能陪同自己遊園賞春,孝宗自然十分高興。這也是光宗發病以後唯一的一次奉陪父皇出遊。

光宗疑懼不肯過宮的根源,還是由孝宗不同意立嘉王為皇太

子引起的，由此他進而擔心父親會不會對自己也行廢黜或加害。這種近乎荒唐的疑慮，光宗對個別關係親近的侍從，例如陳傅良、黃裳也透露過。他害怕舜被父親焚廩、浚井暗算的事情會再現，也憂慮安史之亂後唐明皇猜疑肅宗的故事會重演，更唯恐春秋衛侯輒與世子蒯聵父子爭國的悲劇會重新登場。

陳傅良為光宗設譬祛疑道：「陛下難道不記得壽皇當年疏遠魏王的事嗎？自古廢立，出於愛憎，壽皇那時對你究竟是什麼心，陛下忍心忘卻嗎？」黃裳則為光宗逐一分析了他擔憂的事情絕無可能發生，然後說：「陛下貴為天子，不以孝聞，敵國將會輕侮，小人將為奸亂，戍軍將懷異志，這些才是可疑懼的。陛下不該疑的倒起疑，應該疑的反不疑。顛倒錯亂，莫甚於此，禍亂之萌，近在旦夕！」然而光宗還是聽時感動，過後不為所動。

新年一過，太上皇帝得病了。而光宗則疑心再起，一次也沒去重華宮探病問安。壽皇的病情並不太嚴重，但兒子拒絕來看視，心中很不是滋味。他甚至萌發這樣的念頭：有朝一日，到吳、越的哪個地方去「自泯其跡」。

已是風和日暖、草木竟秀的暮春了，光宗準備出遊玉津園。試兵部尚書羅點請先過宮問安，他提醒光宗說：「陛下久虧子道，眾口謗議，禍患將至，不可不慮！」

彭龜年也認為：「不恭請三宮而獨出宴遊，不合禮數。」

光宗說：「你們為我找個心腹之人調護一下。」

黃裳說：「父子之親，何待調護？」

羅點接著說：「陛下一出，眾疑冰釋。」

光宗說：「朕心未嘗不想念壽皇！」

羅點說：「雖有此心而久闕定省，怎麼向天下人證明呢？」

但光宗無動於衷，選定了四月二十五日，帶上李皇后及後宮

妃嬪出遊玉津園。

　　第二天，太上皇帝竟也扶病與太上皇后謝氏一起到東園賞春。他顯然是聽到光宗攜后遊園的消息，才作出這一反應的。孝宗想起以往自己在位時，凡出遊總是恭請太上皇帝高宗的，也想起去年皇帝還陪同自己玩過聚景園。這天，孝宗與其說是遊園，還不如說是在賭氣。

　　這次出遊後，光宗依然故我，不去探視壽皇，而壽皇的病情卻急轉直下。有一天，他登上望潮露台，聽見宮牆外裡巷小兒爭鬧著，大叫：「趙官家來了，趙官家來了！」

　　他喃喃自語道：「我叫他尚且不來，你們叫也枉然啊！」內心淒然不樂，病勢更加劇了。這讓他急遽地走向了生命的盡頭。

冰糖葫蘆：為何與趙惇有關

說起冰糖葫蘆就會想起那首歌：「都說冰糖葫蘆兒酸，酸裡面它透著甜。都說冰糖葫蘆兒甜，甜裡面它透著那酸。」

冰糖葫蘆，酸甜可口，不僅好吃，而且十分好看。每次聽到「冰糖葫蘆香又甜」的叫賣聲，或能看到一隻隻糖葫蘆串插在特製的竹籤上，最頂上還貼著一面小彩旗，紅紅的山楂按個頭排列在竹籤子上，一串足有十幾個山楂果，外面還裹著晶瑩剔透的糖稀，被紅紅的果實壓彎了的竹籤子拿在手中一顫一顫的，像一顆結滿碩果的小樹，真是惹人喜愛。

那麼，你知道冰糖葫蘆起源於何時嗎？為什麼說它的起源與南宋的宋光宗有關呢？

紹熙年間，趙惇最寵愛的黃貴妃有病了。她面黃肌瘦，不思飲食。御醫用了許多貴重藥品，皆不見什麼效果。皇帝見愛妃日見憔悴，也整日愁眉不展。最後無奈只好張榜求醫。

一位江湖郎中揭榜進宮，為黃貴妃診脈後說：「只要用冰糖與紅果（即山楂）煎熬，每頓飯前吃五至十枚，不出半月病準見好。」開始大家還將信將疑，好在這種吃法還合貴妃口味，貴妃按此辦法服後，果然如期病愈了。

皇帝自然大喜，展開了愁眉。

後來這種做法傳到民間，老百姓又把它串起來賣，就成了冰糖葫蘆。原來，山楂的藥用功效很多，它能夠消食積、散淤血、

驅絛蟲、止痢疾，特別是助消化，自古為消食積之要藥，尤長於消肉積。也許是黃貴妃所食山珍海味積住了食，落下的病，小小山楂解除了病痛。

明代傑出的醫藥學家李時珍也曾經說過：「煮老雞硬肉，入山楂數顆即易爛，則其消向積之功，蓋可推矣。」

今人研究證明，山楂還有降低血脂、降低血清膽固醇等作用。因此而更加受到人們的青睞，山楂食品也花樣翻新，品種繁多，但酸甜香脆的冰糖葫蘆至今仍是受人們喜愛的吃食。

第三篇 揭開元朝大汗英雄的傳奇

元太祖成吉思汗

英雄遺骨何處尋

　　元太祖孛兒只斤‧鐵木真（1162年－1227年），即成吉思汗，是我國歷史上的傑出政治家、軍事家，是一位叱吒風雲、顯赫一世的蒙古族英雄，他的業績對於我國各民族的融合和現今版圖的格局具有重要意義。

　　成吉思汗統一蒙古各部，在歷史上起了進步作用。攻金滅夏，為元朝的建立奠定了基礎。他軍事才能卓越，戰略上重視聯遠攻近，力避樹敵過多。用兵注重詳探敵情、分割包圍、遠程奇襲、佯退誘敵、運動中殲敵等戰法，史稱「深沈有大略，用兵如神」。另一方面，作戰具有野蠻殘酷的特點，大規模屠殺居民，毀滅城鎮田舍，破壞性很大。13世紀，主要是封建國家社會危機深重，為成吉思汗實行大規模軍事擴張提供了有利條件。

　　成吉思汗死後，他的子孫為他舉行了一個很特殊的葬禮，埋葬了這個世界歷史上特殊的人物。他沒有留下陵寢，只在他墳地周圍30里處插上一圈箭鏃，派重兵守衛這塊禁地。由於時間已經過去了700餘年，成陵的所在已經成為一個難解之謎。

　　而他不息奮鬥、不斷抗爭、雄才大略、橫招千軍的一生卻為中華民族和全世界的人民所關注，被人們評為「千年偉人」。正是由於他不息的奮鬥、不斷的抗爭，才使部落林立的蒙古草原實現了統一，才初步結束了中國北方分裂割據的局面，為統一中國打下了基礎。成吉思汗是統一中華民族的英雄！

元太祖汗長子的身世之謎

鐵木真9歲那年,父親也速該帶他到弘吉剌部去求親。弘吉剌部的智者德薛禪將自己的女兒孛兒帖許配給鐵木真。但也速該在返回蒙古草原途中,被塔塔兒人札鄰不合毒死。也速該臨終前要求其部眾,將來為他報仇時,高於車輪的塔塔兒人都要統統殺掉(等於只能留下小孩)。也速該死後,塔里忽台乘機興風作浪,煽動蒙古部眾拋棄鐵木真母子,使他們一家從部落首領的地位一下子跌入苦難的深淵。

鐵木真長成了少年英雄。塔里忽台企圖用鐵木真的人頭祭天祭山,鐵木真卻打傷看守逃走了。在此生死關頭,鐵木真巧遇合答安一家。合答安心地善良,冒著生命危險搭救了鐵木真,並根據「遇客婚」的傳統,二人在羊毛堆裡產生了一段難忘的情緣。

鐵木真對恩人加戀人的合答安發誓說:如果能活著逃出去,將來一定要娶她為妻。而作為奴隸的合答安知道鐵木真已經同弘吉剌部的貴族女兒孛兒帖定了親,她的心裡只有一個心願——將來你真有了出頭之日,讓我做一個奴婢,侍候你一輩子吧!

後來,合答安終於來到鐵木真身邊。這時合答安已經是近40歲的婦人了。不料剛一見面,鐵木真的部眾便殺死了合答安的丈夫傻駱駝,鐵木真非常內疚,想納她為側妃。合答安拒絕了。她還是堅持自己的心願,給鐵木真做奴婢,侍候他一輩子。於是她以特殊的身分成為鐵木真的一個家庭成員。

成吉思汗

鐵木真18歲時，與孛兒帖完婚。但美好的生活僅僅過了幾個月，孛兒帖就被仇敵搶走了，並被強迫與他人結合。鐵木真殺父之仇未報，奪妻之恨又降臨到他的頭上。為了奪回自己的妻子，他決定向強大的敵人蔑兒乞部開戰。

現實的利害衝突引起草原各部的分離聚合，失去了心上人的鐵木真不得不尋找可靠的盟友。在盟友的幫助下，鐵木真打敗了蔑兒乞人，奪回了妻子。在回軍路上，鐵木真的長子降生了，鐵木真為之起名為「朮赤」。他對朮赤的血統產生了懷疑，從此埋下了父子兄弟不和的種子，引發出後來朮赤和察合台兄弟之間的矛盾。朮赤是長子，但他是不是成吉思汗的親生骨肉，一直是後人爭論的焦點。這件事形成了成吉思汗心理上的陰影，這個陰影一直伴隨他走完自己的一生。

朮赤本人也是個悲劇式的人物：他十分勇敢，立過很多戰功，不失為一位草原英雄。可是由於常被人稱為「野種」，以及其二弟察合台的不斷挑釁，使他內心十分痛苦。這種痛苦在戰時則轉化為殺敵的勇氣，而平時則不免有出世的消極意念，他的理想竟然是在廣闊的草原上放牧牛羊！成吉思汗為了兒子們不至於因為爭奪汗位而內訌起來，後來把朮赤和察合台分別安排在花剌子模的新舊國都裡當國王。朮赤離草原故土最遠，他的情緒更加黯淡，40餘歲便憂鬱而死。

成吉思汗西征為何中途折回

　　蒙古原是一個遊牧民族，它進行大規模西征，是當時國內和國外形勢發展的必然結果。要知道蒙古民族對外征戰的原因，首先必須了解蒙古國內的情況。蒙古帝國是新興的中央集權奴隸制君主國家。在成吉思汗統治下，開國功臣得到崇高的政治地位，人民亦得到富裕生活。蒙古已不只是純樸的遊牧民族，他們擁有強烈的慾望，希望得到更好的物質生活，所以對外征戰成為了最終選擇。另一方面，蒙古人信奉薩滿教，認為「長生天」是主宰一切的最高神。凡人的一切都是由「長生天的意志」安排，成吉思汗被看做「長生天的代表」，平民都十分聽從他的命令。成吉思汗認為，統治和征服世界是合乎「長生天的意志」，所以蒙古便展開一系列對外的戰爭。

　　強大的軍力亦是促成蒙古西征的重要因素。當時，成吉思汗擁有強大的武裝軍隊，軍種齊全，有騎兵、步兵、炮兵和工兵。軍隊組織嚴密，紀律性強，官兵平等，不會因為財力或勢力而有所差別，所以士兵都忠心愛國，形成一股強大的戰鬥力，為大規模的西征做好準備。

　　蒙古帝國有著獨特的社會環境和政府制度，促成他們有對外征戰的野心。然而，真正引發三次西征的原因卻是三件不同的事件。

　　成吉思汗與花剌子模帝國的決裂促成第一次西征。花剌子模帝國是一個新近成立的政治集團。雖然宗主沙或算端摩訶末的統

第三篇　揭開元朝大汗英雄的傳奇

治權很脆弱，但由於它承受了阿拉伯和波斯的輝煌文化，國家面積廣大，故令人對它產生錯覺。成吉思汗也將花刺子模的勢力估計過高，故尋求和它建立最友好的外交和商業關係。正因為這個目的，成吉思汗於1218年派一個龐大的商隊和個人的代表前往花刺子模建立邦交。可是，當這些使者和商人抵達花刺子模的管轄區訛打剌時，訛打剌守將指責他們是成吉思汗的間諜，把他們殺了。成吉思汗知道後十分憤怒並要求賠償，但他的要求遭到拒絕，於是成吉思汗準備攻打花刺子模，拉開了第一次西征的序幕。

第一次西征成功後，蒙古帝國又在1235年展開第二次西征。這次西征仍由花刺子模的餘孽挑起。花刺子模國王謨罕默德之子扎剌勒丁，在蒙古滅花刺子模時從印度逃到高加索，成吉思汗認為他沒有政治能耐，因而網開一面，沒有趕盡殺絕。豈料扎剌勒丁乘蒙古軍離去後，又潛回今日伊朗，而伊朗與伊拉克境內的突厥族人竟奉他為領袖，讓他重建了花刺子模帝國。在蒙古發動滅金戰爭前一年，扎剌勒丁與鄰近的伊斯蘭教國家作戰，國力耗虛不少，蒙古軍乘時把扎剌勒丁的軍隊打敗。扎剌勒丁遂逃到曲兒忒地方，被當地鄉民刺死，花剌子模國才真正滅亡。

蒙古軍打敗花剌子模國後，乘勢推進，佔領了阿特耳佩佔、大阿美尼亞、曲兒忒及谷兒只國。後再進兵中亞細亞，欲使這一地區的國家成為蒙古的外藩，為了這個目的而展開了第二次西征。

蒙古於1253年進行第三次西征。當時，位於里海之南的木剌夷國既不肯對蒙古稱臣，也不肯朝貢。這些行為對於當時已經揚威四海的蒙古帝國是極其不尊敬的，為了懲罰這個國家，憲宗蒙哥便派其皇弟旭烈兀擔任西征統帥，帶同將領布而嘎、不花鐵木耳、貝住等出征木剌夷國，展開第三次西征。

揭祕成吉思汗的死因

關於成吉思汗的死因，大概有四種，多與西夏有關。

（1）**雷電說**。蒙古人迷信「上天以雷電警告不孝者」，成吉思汗因惹母親生氣導致母親去世，有不孝之嫌，所以特別害怕雷電，1227年夏，成吉思汗誤入雷區，被雷電擊中致死。

這種說法比較離奇。出使蒙古的羅馬教廷使節約翰·普蘭諾·加賓尼在其文章中透露，成吉思汗是可能是被雷電擊中身亡。加賓尼當時到達蒙古國時，發現夏天的雷電傷人事故頻發：「那裡卻有凶猛的雷擊和閃電，致使很多人死亡。」因為這原因，蒙古人很怕雷電。南宋彭達雅所著《黑韃事略》記載：「韃人每聞雷霆，必掩耳屈身至地，若躲避狀。」

約翰·普蘭諾·加賓尼為葡萄牙人，出使中國的確實時間是公元1245年至1247年，由教皇諾森四世派遣而來，回去後向教皇提交了題為《被我們稱為韃靼的蒙古人的歷史》出使報告。加賓尼來時距成吉思汗死亡只有18年，比馬可·波羅早30年，記敘並非空穴來風。

（2）**被刺說**。這種說法與被俘的西夏王妃古爾伯勒津郭斡哈屯有關，是下毒說法的另一種版本。在蒙古民間傳說，成吉思汗的軍隊進攻西夏的過程中，兵士俘虜到了很漂亮的西夏王妃古爾伯勒津郭斡哈屯，進獻給成吉思汗。就在陪寢首夜，這位西夏王妃行刺了放鬆警惕性的成吉思汗。被刺一說，源於成書於清朝

康熙元年（1662年）的《蒙古源流》。

此書很珍貴，100年後，即1766年蒙古喀爾喀部親王成袞扎布作為禮物，將此書手抄本進獻乾隆皇帝。乾隆令人將其譯為滿、漢兩種文本，並題書名《飲定蒙古源流》，收入《四庫全書》。應該說，成吉思汗被刺一說是有很高的可信度的。

但是，根據史料記載，這兩個說法的時間和地點都明顯錯誤，成吉思汗死時，蒙古還在隱瞞其死亡消息，西夏當時還沒有滅亡。

史料記載，1227年成吉思汗在西夏作戰時膝部中了毒箭，最終致命。義大利著名旅行家馬可·波羅在自己的遺著中認為：成吉思汗死於箭傷。《聖武親征錄》說，之前成吉思汗受箭傷有三次：1202年闊奕壇之戰、1212年攻西京之戰、1226年攻西夏時膝部中箭。估計最後一次箭傷對其身體影響較大。

《世界侵略者傳略》《史集》《元史譯文》《綱目譯文》等國外、國內書籍都說「汗病八日死」。

他連續作戰且每個月都能攻破一個西夏屬地城池，並邀請遼國王子觀看西夏都城的消亡，這證明成吉思汗在一路攻城拔地中，對身後取得勝利及眼前要取得的勝利很有信心，而且，他身體狀況還不錯。成吉思汗死於西夏軍隊的連發弩射出的毒箭之下，帶有劇毒的箭頭射傷成吉思汗的膝部，再加上長子朮赤病死、流動作戰的辛勞、酷熱的天氣等因素影響，都加重了病情。以前在內蒙古阿爾寨就因落馬膝部受傷的成吉思汗，僅僅挺過了8天時間就駕崩。

在滅亡西夏的前夕，成吉思汗的生命也走到了盡頭，臨終前提出聯宋滅金的戰略。同年西夏被徹底滅亡。

（3）**墜馬說**。蒙古人撰編的《元朝祕史》（卷十四）記載，「成吉思既住過冬，欲征唐兀。從新整點軍馬，至狗兒年

秋,去征唐兀,以夫人也遂從行。冬間,於阿兒不合地面圍獵,成吉思騎一匹紅沙馬,為野馬所驚,成吉思墜馬跌傷,就於搠斡兒合惕地面下營。次日,也遂夫人對大王並眾官人說:『皇帝今夜好生發熱,您可商量。』」

「唐兀」,是當年蒙古人對西夏人的叫法;「狗兒年」,是宋理宗寶慶二年(1226年)。這裡交代一個史實,成吉思汗於1226年秋天,帶著夫人也遂去征討西夏國。冬季時,在一個叫阿兒不合的地方打獵。不想他的騎的一匹紅沙馬,卻讓一匹野馬驚了,導致沒有防備的成吉思汗墜落馬下受傷,當夜就發起了高燒。

當時,也遂請隨從的將領商議這事怎麼辦,有人建議反正西夏城池都在,一時半會也逃走不了,乾脆回去養傷,等好了再來攻打。成吉思汗一生要強,心想如果這樣回去會讓西夏人笑話。也該他魂斷西夏,成吉思汗派員去西夏國探聽情況時,正好西夏一叫阿沙敢不的大臣譏笑:「有本事你就來過招。」成吉思汗聽說後,表示寧死不退兵,遂挺進賀蘭山,將阿沙敢不滅了。

但此後,成吉思汗的傷病一直未好,反而加重,到1227年農曆七月十二病死了,時虛歲67。如果當時成吉思汗回去了,這病根子就不會落下了。

(4)**中毒說**。這種說法,來源於《馬可‧波羅遊記》。馬可‧波羅是13世紀義大利商人,於1275年到達中國,其時正是元世祖忽必烈當政時期。其在遊記中記敘成吉思汗的死因:在進攻西夏時圍攻太津(吉州,古要塞)時,膝部不幸中了西夏兵士射來的毒箭。結果可想而知,毒箭攻心,傷勢益重,一病不起。

但民間另有傳說,成吉思汗是「中毒」而死,但卻不是中了西夏兵士的毒箭,而是讓被俘虜的西夏王妃古爾伯勒津郭斡哈屯下了毒,當時這位西夏王妃乘陪寢之機行事的。

成吉思汗墓葬在何方

迄今為止,沒人清楚一代天驕成吉思汗葬在何處。據史料記載,這位叱吒風雲的蒙古族英雄1227年死於征伐中國西北部(即西夏王朝)的途中,但沒有透露他埋葬地的蛛絲馬跡,有關成吉思汗墓的謎團,至今未解。

1227年,67歲的成吉思汗南征西夏時逝於軍中。傳說為了穩定軍心,蒙古軍隊祕不發喪,政事如常。使臣與外國商人依舊到他的帳外聽候傳喚,傳令來去,假裝這位世界帝王仍在發號施令。成吉思汗死後,他的諸子、諸將們遵囑滅了西夏,然後護送其靈柩北歸。流傳最廣的一種說法是在成吉思汗死後,他手下的將領遵照他死前命令,祕密將遺體運回蒙古。據說手下將領嚴守祕密,路上遇到行人一概殺之,以免走漏消息。

據《蒙古祕史》記載,蒙古皇族下葬後,先用幾百匹戰馬將墓上的地表踏平,再在上面種草植樹,而後派人長期守陵,直到地表不露任何痕跡方可離開,知情者則會遭到殺戮。元末人葉子奇在《草木子》中說:蒙古諸汗葬後,以萬騎踏平墓地,當著母駱駝的面殺一隻小駱駝,然後以千騎守墓。等明年青草生長,守軍移去,草原上一望平野,已無絲毫痕跡。要祭墓的話,把小駱駝的母親牽來,母駱駝來回悲鳴之所便是葬所。但待母駱駝死去,再沒人找得到陵墓所在。

按照習俗,元代帝王的墓葬都採用「密葬」形式,所以至今

仍未發現一座元代皇家陵墓。多少個世紀過去了，世界各國的考古學家們為尋找成吉思汗的陵墓費盡心機：他們有的動用地雷探測器甚至衛星攝影技術，幾乎搜遍了整個蒙古大草原，雖然無一例外地空手而歸，可是前僕後繼者依然大有人在。

一位蒙古專家預言：成吉思汗的陵墓裡可能埋藏著大量奇珍異寶，裡面的工藝品甚至比秦始皇陵出土的兵馬俑還要壯麗。更有考古專家稱：成吉思汗的陵墓一旦被找到，那將比「特洛伊」考古和圖坦卡蒙陵墓的發現更激動人心。

目前，各國考古專家關於成吉思汗墓地確切位置的圈定，比較認同四個地點。一是位於蒙古國境內的肯特山南、克魯倫河以北的地方；二是位於蒙古國杭愛山；三是位於中國寧夏的六盤山；四是位於內蒙古鄂爾多斯鄂托克旗境內的千里山。

在《元史》中，成吉思汗及元朝皇帝們的埋葬處，被寫成「起輦谷」3字。一代代學者們推敲之後，擬音為Keluren谷，即元代漢譯中的「怯綠漣」河。今天多用漢字「克魯倫」音譯──那是一條名河，河谷遼闊，地表上並沒有封土或其他陵寢遺痕。認為成吉思汗葬在寧夏南部（隴東）六盤山者，主要據那位大英雄猝死於對西夏國戰爭之中──可能虛張聲勢作向漠北送葬狀，其實已經就地埋了。另一種說法認為成吉思汗死於現在寧夏回族自治區的六盤山，當時是夏季，氣候炎熱，遺體不可能

成吉思汗陵

運出很遠，祕葬在鄂爾多斯境內的可能性很大。

另外，位於伊金霍洛旗的成吉思汗陵很重要，並不僅僅是先祖成吉思汗的衣冠冢。成吉思汗的靈棺中有很多祕密，但是不能說。1954年大祭靈時，曾開過棺，當時的內蒙古自治區主席烏蘭夫親眼看過，裡面確實有部分人骨。

從蒙古人的習俗和過去信奉的薩滿教講，祭奠先人主要是祭靈魂，不是祭屍骨。按照蒙古民族的習慣，人將死時，他的最後一口氣——靈魂將離開人體而依附到附近的駝毛上。根據史料記載，吸收成吉思汗先祖最後一口氣——也就是靈魂的駝毛，幾百年來就收藏於鄂爾多斯成吉思汗陵。

在鄂爾多斯草原上流傳的一個美麗傳說：當年，成吉思汗率領軍隊西征西夏時，路經鄂爾多斯草原的包爾陶勒蓋，目睹這裡水草豐美、花鹿出沒的美景，十分陶醉，留戀之際失手將馬鞭掉在地上，隨從要拾馬鞭時，被成吉思汗制止。大汗有感而發，吟詩一首：「花角金鹿棲息之所，戴勝鳥兒育雛之鄉，衰落王朝振興之地，白髮老翁享樂之邦。」並對左右說：「我死後可葬此地。」成吉思汗在六盤山逝世後，屬下準備將他的靈柩運回故地安葬，但靈車路過鄂爾多斯草原時，車輪突然深陷地裡，人架馬拉也紋絲不動。這時，大家想起了成吉思汗生前的話，於是，就地將成吉思汗安葬在了鄂爾多斯草原上，並留下500戶「達爾扈特」人守護。日本侵略中國時，為保護成吉思汗陵寢，當時的國民黨政府於1939年把成吉思汗靈柩先後遷移到甘肅省榆中縣興隆山、青海省湟中縣塔爾寺。1941年，侵佔包頭的日本侵略軍進犯鄂爾多斯，搶掠並燒毀了當時作為鄂爾多斯地區蒙古宗教文化中心的王愛召（王爺廟），大火燒了半個多月。1954年4月1日，新中國的中央政府將成吉思汗的靈柩移回鄂爾多斯，在伊金霍洛旗

重新修建了陵園,並將散落在各地的成吉思汗遺物逐步集中到了成吉思汗陵。現在,成吉思汗陵還分別供放著成吉思汗的夫人、胞弟,以及成吉思汗第四子拖雷和其夫人的靈柩。

近十幾年來,尋找成吉思汗陵的活動不斷升溫,匈牙利、波蘭、美國、日本、義大利、德國、法國、加拿大、俄羅斯、土耳其、韓國等十多個國家都投入了大量人力、物力,競相開展了尋找成吉思汗陵的工作,但基本上都無果而終。其中,日本人在7年前,就開始實施尋找成吉思汗陵的龐大考古計劃,動用了先進的探測儀器,結果花費十幾億日元,在肯特山附近發掘了兩三百座古墓,無有收獲。近3年來,美國富翁克拉維茲與蒙古國的考古人員合作利用能勘探到地下10米深處的先進儀器,也在蒙古國進行了大規模的尋找成吉思汗陵活動,並在蒙古國找到一個外面有一圈石牆的陵墓,起先考古隊認為是成吉思汗陵,其實那是一座匈奴墓,最終也是一無所獲。

也許正如蒙古王爺奇忠義老人所說:我的祖先成吉思汗的祕葬地,對於世人來說一直是個謎,對於我們家族的人也不例外,但我們沒有必要違背祖先的意願去破解這個謎。位於中國內蒙古自治區鄂爾多斯市伊金霍洛旗的成吉思汗陵,一直是世人公認的成吉思汗陵地,幾百年來,人們在這裡進行公祭活動,國內外的蒙古人每年也都到這裡來進行祭祀。鄂爾多斯成吉思汗陵,無疑是不可替代的成吉思汗祭祀地。鄂爾多斯的祭祀文化在蒙古族地區最為完整、最傳統、最有代表性。這種現象任何地區都不可替代。

所以,今天再去尋找成吉思汗的祕葬地,沒有意義,沒有必要。而且,祖祖輩輩為成吉思汗守陵的達爾扈人在感情上也不能接受。在奇忠義老人心中鄂爾多斯的成吉思汗陵,永遠是蒙古民族的聖地。

元世祖忽必烈

刀槍裡面出政權

　　元世祖忽必烈（1215年—1294年），成吉思汗之孫，拖雷第四子，蒙哥汗（憲宗）弟，軍事家、政治家。名字全稱孛兒只斤‧忽必烈，拖雷正妻唆魯禾帖尼的第二子（總排行第四子）。

　　元朝的創始皇帝，廟號世祖，諡號聖德神功文武皇帝，蒙古語尊稱薛禪皇帝。他也是第五代的蒙古大汗，1260年至1294年在位。在位35年。

　　元朝是中國歷史上第一個少數民族統治全國的王朝，它初步奠定了中國疆域的規模。忽必烈建立元朝，實現大統一，具有進步作用。

　　全國統一後，忽必烈的保守、嗜利和黷武等消極因素都有了發展。他重用回回人阿合馬。阿合馬從中統初便主管中央財政，多方搜刮，權勢日重。後阿合馬獨擅朝政。至元十九年，大都發生了王著、高和尚刺殺阿合馬事件。此後，忽必烈又先後任盧世榮、桑哥專理財政，都以失敗而告終。同期，忽必烈接連派遣軍隊遠征日本、安南、佔城、緬甸與爪哇，都遭到失敗。但抗擊海都、篤哇等西北諸王的侵擾和平服東北諸王乃顏叛亂，具有一定的積極作用。

　　至元三十一年（1294年）忽必烈病逝，享年80歲。諡聖德神功文武皇帝，廟號世祖。

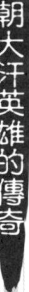

忽必烈生父是怎麼死的

　　拖雷是忽必烈的生父、成吉思汗的四子，在整個蒙古帝國征服史上是一個重量級人物。從平定蒙古各部開始，直到後來攻下金國都城開封，拖雷都是一馬當先，身先士卒，其勇猛無敵可見一斑。當然，他也是個鐵石心腸的劊子手，經他下令屠殺的人口就不下五百萬。也許他感到自己罪孽深重，死前曾向長天神做過懺悔。但他的死卻充滿了詭異之處，給後人留下永解不開的謎團。

　　忽必烈的爺爺生前曾刻意安排過自己的後事，在諸子當中他最信任拖雷，在管理才能方面他最欣賞窩闊台，由於朮赤被懷疑不是成吉思汗的親生子，為此察合台還與朮赤發生了爭執，所以汗位的繼承已經把他們兩人排除了，剩下的就是受人尊敬的窩闊台和戰功卓著的拖雷了。然而，成吉思汗死於六盤山時並沒有親口指定誰為汗位繼承人，根據慣例需經忽列塔鄰會議決定，顯然，成吉思汗也希望通過忽列塔鄰會議選舉的方式選出一個能孚眾望的人，因為成吉思汗自己就是被推選出來的。

　　按照當時的形勢分析，窩闊台最有資格擔任大汗。但窩闊台卻有顧慮，他的顧慮就來自拖雷。拖雷是成吉思汗的幼子，按照蒙古人的規矩，幼子是「守灶」之人，即看管家產的人。成吉思汗生前在分封諸子諸弟時，分配給拖雷五個千戶，並統轄中央兀魯思封地。在成吉思汗死後，拖雷繼承的領地封民計有二十萬

戶，十二萬的精兵。而其他諸子諸弟只幾千戶，即使作為大汗的窩闊台的封民也就五千戶。在兄弟互相猜忌，拖雷又把有要津的情況下，窩闊台不得不小心謹慎。但是汗位的空缺是不能持久的，這不利於蒙古各部安定，更不利於遠未完成的征服戰爭。

作為成吉思汗謀士的耶律楚材發揮了重要作用，他私下裡找到拖雷，要求拖雷明確表示放棄汗位的爭奪。拖雷很爽快地答應了，並在忽列塔鄰大會上主動推舉窩闊台為大汗。窩闊台以合法的形式得到了汗位。即使這樣，對於掌握中央軍事大權的拖雷依然不敢放鬆警惕，終於「日夜操勞，積勞成疾」，一病不起。

耶律楚材再次向拖雷暗示了窩闊台的憂慮，在權衡利弊後，再加上耶律楚材鄭重擔保，拖雷決定徹底讓大汗放心，他選擇了一死。根據志費尼的《世界征服者史》記載，事情的過程是這樣的：窩闊台病勢嚴重，巫師為其清洗了身體。拖雷來看望窩闊台，看到大汗病勢危重心急如焚，在帳外向長生天祈禱：偉大的長生天，我是個罪孽深重之人，如果懲罰就懲罰我吧，我願替大汗一死。然後，拖雷將清洗窩闊台身體的水都喝掉了。當晚，拖雷死於自己的營帳內。

拖雷的死對外雖然宣稱死於疾病，但拖雷的妻子索魯赫帖尼堅持不承認拖雷死於疾病。拖雷到底是死於被害，還是他選擇了自殺呢？如果是被害，拖雷應該有所察覺，拖雷的手下和後人也能查出個原委來，但史書上並沒有相關的記載。從當時的形勢和利害關係上看，拖雷選擇自殺的可能性很大，不管是

忽必烈

窩闊台還是耶律楚材肯定對其做過保證，以確保拖雷的後人財產和人身安全。

拖雷死後窩闊台並沒有完全剝奪拖雷後人的財產，只是將其中一部分轉給了窩闊台的兒子貴由和闊端等人，而拖雷系對中央兀魯思依然有軍事統轄權。窩闊台曾提議讓自己的兒子貴由娶索魯赫帖尼，以加強兩系的關係，被索魯赫帖尼堅決拒絕，貴由也以索魯赫帖尼太老為藉口拒絕了。

索魯赫帖尼全身心地照顧自己的幾個兒子，她相信拖雷系早晚會奪回汗位的。正是由於索魯赫帖尼的決心和毅力，才保證了拖雷系後來的發展壯大，在黃金家族史上索魯赫帖尼的名望甚至超過了成吉思汗的母親月倫。

窩闊台死後，貴由與朮赤系的拔都爭端公開化了，在起兵征討拔都的路途中貴由突然死去。拔都親自陪送拖雷的長子蒙哥回到哈拉和林，並把蒙哥扶上汗位。拖雷系在暫別了汗位不久又回來了。再後來，蒙哥在征服南宋時死於釣魚山，忽必烈與其弟為爭汗位爆發了一場大戰，最後，還是忽必烈更勝一籌。

1273年，忽必烈立國號大元，取《易經》「大哉乾元」之義。忽必烈正式由蒙古大汗轉變為中國皇帝，稱世祖。他追封成吉思汗為高祖、其父拖雷汗為睿宗、其兄蒙哥汗為憲宗。拖雷不僅為拖雷系的成長奠下了基業，他的死也終於得到了回報。

忽必烈是如何奪取大汗寶座的

開慶元年（1259年）七月，蒙哥在攻宋戰爭中身負重傷，死於合州（在今四川）釣魚山下。留在漠北和林的忽必烈的弟弟、備受蒙哥信任的阿里不哥在蒙哥諸子和親信大臣的支持下，急忙策劃繼承汗位。一場權力爭奪戰旋即展開。

憲宗蒙哥是在南下伐宋的戰爭中死於合州城下的，因此，他生前沒有像太祖鐵木真、太宗窩闊台那樣對嗣位問題做出安排。這就在蒙古王室內部引起了關於汗位的歸屬的激烈爭吵。

忽必烈有資格接替大汗地位，但其皇弟阿里不哥和憲宗的兒子們也可以繼承汗位。這樣，爭奪汗位的鬥爭不可避免地在拖雷系諸王間發生了。

憲宗蒙哥南征時，阿里不哥奉命留守和林，主持大兀魯思，管理留守軍隊和諸斡兒朵，在政治上處於十分優越的地位。

另外，皇后忽都台以及蒙哥諸子都擁護阿里不哥，這就增加了阿里不哥政治上的聲勢。在軍事上，他擁有留守和林的軍隊，隨從憲宗南征的軍隊也有一部分歸附了他。

蒙哥去世後，大軍在攻宋前線，阿里不哥先發制人，派阿蘭答兒發兵於漠北諸部，派脫里赤括兵於漠南諸州。

阿蘭答兒乘機調兵，進至離開平100餘里的地方。開平一帶是忽必烈經營多年的根據地，阿里不哥的軍事行動給忽必烈造成了極大的威脅。

蒙哥去世時，忽必烈正奉命南征。為爭奪王位，忽必烈決定返回漠北。正好南宋賈似道派使講和，忽必烈當即同意，斷然把大軍留守在江北，自己率一支親軍先行。中統元年（1260年）三月，忽必烈到達開平，召集忽鄰勒塔。

　　在諸王塔察兒、也先哥、合丹、末哥等以及大臣再三勸進下，忽必烈在和林自稱奉遺詔，在另一些王的擁戴下繼承汗位。

　　至此，只有用武力來解決汗位問題了。經過4年大戰，阿里不哥眾叛親離，至元元年（1264年）七月，不得已歸降了忽必烈大汗。

忽必烈為何不大舉南下

忽必烈為什麼不大舉南下、不集中力量撲滅文天祥這件事，歷史書上是這樣說的：一些蒙古王爺對忽必烈做中國的皇帝，並且推崇理學非常不滿，所以在北方叛亂頻繁。特別是窩闊台系的人，對忽必烈家族深惡痛絕。以海都為首，與忽必烈家族展開了40年的戰爭，直接導致了蒙古帝國擴張的終止。

1276年，忽必烈的四子那木罕被叛軍俘虜，1277年，諸王打到了和林，伯顏被迫回軍相救，文天祥乘機收復南劍州、贛南等地。1278年，叛軍才被壓制住。

這個階段是破虜軍與殘宋的黃金喘息期，宋朝在崖山，渡過了最後9個月迴光返照。然後，北方叛軍內部瓦解，主要首領之一撒里蠻捉住了另一個主要首領昔里吉，向忽必烈投降，並把他的俘虜交給了忽必烈。忽必烈原諒了撒里蠻，但把昔里吉流放到一個島上。

此後不久，1278年，那木罕王子被釋放。這個反忽必烈同盟由於成員們素質差而失敗。後方安穩後，元朝對南宋發動了最後一擊，先俘虜了文天祥，後滅宋。

正史中說，忽必烈因為殺弟奪位，導致蒙古帝國的分裂。四大汗國先後脫離，並明裡暗裡支持北方的叛亂分子，導致大元兵力佈置，一直重北輕南。並且導致了大元在安南等地遇到嚴重挫折後，無力繼續向南擴張，只好放棄報復。

海都堅著恢復蒙古傳統，倒忽大旗，一直跟大元作對。先後組織了多次反忽聯盟，屢敗屢戰。1278年的戰鬥失敗後，海都退到河中，養精蓄銳。然後，再組織反忽同盟。1287年，反忽同盟糾集了乃顏、勢都兒和哈丹三個成吉思汗的直系後代，從東北一直延伸到中亞。迫使元軍退至豪州（今遼寧彰武）、懿州（今遼寧阜新東北）以西。

　　忽必烈不得已，抱病親征。雙方一直打到了1290年，憑藉漢軍的前仆後繼和人數上的優勢，大元才撲滅了這次反叛。海都再次敗退，再次養精蓄銳。忽必烈死後，海都又入侵大元。後被忽必烈的繼承者擊敗。雙方一直打到了1301年，海都病死。

　　此後，海都的兒子與忽必烈的繼承人繼續戰鬥，一直到1309年，海都的勢力被部將侵佔，才不得不放棄了與大元的爭鬥。

　　實際上，當時南宋沒有一個有眼光的政治家，能看到忽必烈背後的不安定因素。徘徊在求和與苟安的朝廷，最終在崖山落下了帷幕。如果那時候有一部分現代人的記憶進去任何一個南宋抵抗者的腦子，恐怕看到全局的他，肯定不會放棄在草原上給忽必烈添亂的機會。

忽必烈冊立真金為太子的真相

漢族儒臣議論「定國本」

自成吉思汗建國以來，汗位繼承始終缺乏固定的制度。「忽里台」貴族會議推舉、大汗生前指定、各宗室支系的軍事政治實力等因素，都在發揮作用。蒙古草原家產分配習俗中長子優先與幼子守家的衝突，日益增長的汗權與「忽里台」貴族政治權力的衝突。各宗室支系之間的利益矛盾，均會在汗位繼承問題上交織匯集或爆發。每當汗位交替的時候，經常出現汗位爭奪危機和政局的動蕩。從窩闊台汗到貴由汗，從貴由汗到蒙哥汗，從蒙哥汗到忽必烈汗，此類汗位爭奪愈演愈烈，甚而引發了軍事對抗，乃至蒙古帝國的分裂。

忽必烈建立元朝以後，在一批漢族儒臣的輔佐下，把「定國本」和解決汗位繼承問題，當做行漢法的組成部分，積極開展了這方面的探索與改革。所謂「定國本」，就是用漢地傳統的嫡長子繼承制度，預立太子，改變蒙古國汗位繼承的混亂狀況。

中統元年（1260年），忽必烈政權建立不滿一月，藩邸謀臣之一郝經在其所奏上的《便宜新政》十六條中第一次提出了「定儲貳以塞亂階」。他說：「國家數朝，代立之際，皆仰推戴，故近世以來，幾至於亂，不早定儲貳之失也。若儲貳早定，上下無所覬覦，則一日莫敢爭者。且使朝夕視膳，或出而撫軍，守而監

國,練達政事,此盛事也。」

郝經既總結了前四汗時期汗位繼承因推戴而啟亂階的經驗教訓,又闡述預立儲貳的積極功用,總的思路是,用預立皇儲的漢法成熟制度去解決蒙古國汗位繼承危機頻起的矛盾。郝經的論說雖然簡潔而精辟,可此時的當務之急是建立元帝國的國號、年號、機構等基本統治體制以及軍事上對付漠北阿里不哥。所以,郝經的這條議論並沒有引起忽必烈的較大重視,即使在郝經本人十六條《便宜新政》中,它也被排在末尾,遠不及「嚴備御」、「定都邑」、「置省部」諸條,重要而迫切。

至元四年(1267年),另一名漢族儒臣姚樞在評論中統以來政務時,提出了八點新建議,「建儲副以重祚」被列在第二。

翌年,衛輝路總管陳祐上《三本書》,「一曰太子國本,建立之計宜早;二曰中書政本,責成之任宜專;三曰人才治本,選舉之方宜審」。

陳祐的貢獻在於,他把預立太子當做國本,置於首位。這比前述二人都進步了許多。還以「聖代隆興,不崇儲貳,故授受之際,天下憂危」;「建皇儲於春宮,隆帝基於聖代,俾入監國事,出撫戎政,絕覬覦之心,壹中外之望,則民心不搖,邦本自固矣!」等語,進一步闡發郝經和姚樞的論說。

需要注意的是,以上建言和議論,多足以漢文奏疏形式呈獻給忽必烈的。這對一位不懂漢語的蒙古皇帝來說,的確不大方便,很大程度上妨礙了忽必烈對上述建議內容的理解。郝經、姚樞和陳祐上奏後,未見忽必烈的任何明顯反映。究其原因,除了史料記載佚失因素外,或許存在語言障礙的問題。比較起來,張雄飛的上奏恰恰彌補了以上不足。

張雄飛,琅琊臨沂人,幼年被蒙古軍俘虜北上,後流落霍

州、潞州、趙城、關陝等地，輾轉入燕京，漸漸學會蒙古語及其他語言。至元初，由廉希憲舉薦，覲見忽必烈，授官同知平陽路轉運司事。不久，處士羅英再次向忽必烈舉薦張雄飛「真公輔器」。忽必烈特命驛召張雄飛進京，詢問如今國事所急，張雄飛回答：「太子天下本，願早定以繫民心。閭閻小人有升斗之儲，尚知付託，天下至大，社稷至重，不早建儲貳，非至計也。向使先帝知此，陛下能有今日乎？」

或許是張雄飛談起了忽必烈親身經歷的汗位爭奪，或許是張雄飛用蒙古語講得繪聲繪色，這番話果然打動了忽必烈。原先躺著的忽必烈，聽罷張雄飛此言，矍然起身，久久稱善。於是，忽必烈下決心預立太子。

冊立真金與那木罕的憤懣

真金是忽必烈第二子，察必皇后所生。因長子朵兒只早年病逝，真金實際相當於嫡長子。

真金的少年時代，是在忽必烈總領漠南和嘗試以漢法治漢地中度過的。他從10歲起，就按照忽必烈的命令，跟隨藩邸著名儒士姚樞讀《孝經》，每日以三綱五常先哲格言熏陶性情。

1253年，姚樞隨忽必烈遠征大理，另一位名儒竇默接替姚樞充任真金的老師。臨行前，忽必烈賞賜竇默玉帶鉤。劉秉忠的學生王恂，此時也被忽必烈任命為伴讀，長期輔導真金。

1259年，忽必烈率兵南征鄂州之際，真金隨其母察必留守開平。當時，阿里不哥圖謀在漠北自立為大汗。其黨羽脫里赤括兵於漠南諸州，阿藍答兒發兵於漠北諸部，乘傳行至距開平僅百餘里處，察必哈敦派人質問阿藍答兒：「發兵大事，太祖皇帝曾孫真金在此，何故不令知之？」阿藍答兒被問得無言以對。

後來，忽必烈在鄂州城下與賈似道議和北歸，謀臣郝經即提議：召真金鎮燕京，與阿里不哥所委派的燕京斷事官脫里赤相抗衡。雖然當時真金年僅17歲，但他在很大程度上已能代表忽必烈支系，在成吉思汗黃金家族具有舉足輕重的地位。

忽必烈即汗位後，真金於中統二年（1261年）十二月受封燕王，守中書令，樞密院設立，又兼判樞密院事。真金是忽必烈諸皇子中第一個封王爵者，按照後來確定的元朝王爵制度，燕王屬於第一等金印獸紐「一字王」，其王號又隱含著國邑在燕地。

所以，在與真金關係密切的漢族儒臣看來，由於封爵和充任中書省、樞密院長，真金已接近儲君的地位。誠然，忽必烈未必完全懂得這些寓意。

也是在中統二年，王恂升任贊善，掌管燕王府庶政。忽必烈敕命中書省、樞密院大臣：幾有咨稟，必須讓王恂與聞。還璽書命令：王恂悉意調護真金的起居出入和飲食衣服，不准許不正當之人得侍左右。

忽必烈正式冊立燕王真金為皇太子，是在至元十年（1273年）二月。冊文說：「咨爾皇太子真金，仰唯太祖皇帝遺訓，嫡子中有克嗣繼統者，豫選定之。是用立太宗英文皇帝，以紹隆丕構。自時厥後，為不顯立冢嫡，遂起爭端。朕上遵祖宗宏規，下協昆弟僉同之意，即從燕邸，即立爾為皇太子，積有日矣。比者，儒臣敷奏，國家定立儲嗣，宜有冊命，此典禮也。今遣攝大尉、左丞相伯顏持節授爾玉冊金寶。於戲！聖武燕謀，爾其承奉。昆弟宗親，爾其和協。使仁孝顯於躬行，抑可不負所托矣。尚其戒哉。勿替朕命。」

這篇冊文，雖然不是出自忽必烈手筆，但從文辭簡潔，內容全面，含義深刻等情節看，大體是根據他本人的思路和旨意而擬

寫的。冊文避而不談原本主要參照中原王朝立太子傳統的真相，而是巧妙地追溯成吉思汗生前擇賢預定繼承人的祖制遺訓，並沈痛總結不定冢嫡而起爭端的教訓。儘管有蓄意掩蓋蒙古草原繼承法與貴族會議推戴舊俗既有作用的部分，但所述符合蒙古國汗位繼承的基本史實，有較強的說服力，體現了忽必烈對舊有汗位繼承方式的「祖述變通」和銳意改革。這樣，忽必烈就從成吉思汗祖制遺訓中，為自己冊立真金太子找到了一定的合法依據，同時也擺脫了蒙古草原繼承法與貴族會議推戴舊俗的糾纏。

忽必烈在挑戰汗位繼承舊俗和預立太子方面取得了成功。這也是他實行漢法的重要組成部分。不過，李壇之亂使忽必烈對漢族臣僚已心存疑懼，對漢法制度也不完全相信。忽必烈或許清楚：漢人儒臣對冊立真金太子之事，眾口一詞，竭盡全力，其目的是用漢法改造忽必烈政權，建立漢法指導下的蒙漢聯合統治。忽必烈用其策而立太子，主要是為傳子傳孫和穩定統治。二者雖然在穩定鞏固忽必烈政權上可以取得一致，但動機用意是有差別的。因此，在冊文中，忽必烈有意淡化漢人儒臣竭力推動立太子的角色，僅以冊命典禮出於「儒臣敷奏」等言辭，多少披露了漢人儒臣居中的作用。如此處理，既可以減少蒙古守舊貴族的不滿，又能夠保持自己不完全隨和漢人儒臣的某種獨立性。這或許是忽必烈自鳴得意的地方。

然而，冊文中也有不符實之處。那就是所謂立真金太子「下協昆弟僉同之意」。事實上，忽必烈立真金之前，未見他與諸皇子商議的記載，應主要屬於乾綱獨斷。對真金立為太子，皇幼子那木罕又持反對態度。

拉施德《史集》說：「合罕在數年之前，當海都的軍隊還未〔擄〕去那木罕之時，曾無意中說出了由他繼承大位，這個熱望

（一直）都存在他心中。但後來，合罕注意到賓金很聰明能幹時，就很喜歡他。當脫脫蒙哥（已經）把那木罕送回來之後，合罕命令立真金為合罕。那木罕難過起來，他說道：『他（真金）繼位後，將怎樣稱呼你呢？』合罕生了氣，把他大罵一頓，從自己身邊趕開，並說道：『不許再來見我！』他（那木罕）過了幾天就死了。」

上述記載中，真金被立為合罕說，不確切。把真金立為太子的時間說成是那木罕南歸以後，也是錯誤的。前一個錯誤，或許是口述元朝歷史的孛羅丞相等蒙古人，因不曉太子含義而將它與合罕混淆所致。從記載中看，將二者混淆的，也包括那木罕。

儘管如此，那木罕被海都擄去以前，忽必烈一度屬意那木罕為繼承人，倒是很有可能的。因為那木罕身為嫡幼子，又率大軍鎮守漠北，這在三名皇嫡子中絕無僅有，完全可以和燕王真金相匹敵。如果拉施德上述說法是事實，那麼，在預立皇儲問題上，真金與其幼弟那木罕之間曾經發生過不小的爭執。由於忽必烈改變主意，立真金為太子，那木罕最終在爭執中敗北，受父皇訓斥後憤懣而亡。不過，那木罕的死亡時間。晚於太子真金病逝，大約在至元二十九年（1292年）。《史集》說忽必烈訓斥數日後那木罕即死去，不確。

《馬可‧波羅遊記》也曾談到真金被立為太子及太子東宮宮殿建築。書中說：「我也將詳細告訴你們，靠近他的宮殿，大可汗又別建一宮。和他自己的一切完全相似。他造這宮給他的太子和未來的君主。因為這理，他把他的宮造成和自己的形式同大小皆一樣，圍牆也周圍一樣長……太子成吉思〔真金〕住在那裡。我上面已經講過他了。他是大可汗的承嗣人。大可汗死後就要君臨人民的他保守和仿效大可汗一切的習慣與態度。曾經命定，大

可汗死後，他就即刻為天下主了。他已經得有帝王的印璽和圖章，但是他沒有大可汗那樣獨斷和完全的權柄。」

《南村輟耕錄》卷二十一《宮闕制度》云，真金太子東宮的中心建築為光天殿，七間，東西九十八尺，深五十五尺，高七十尺，規模稍小於大明殿和延春閣。外有柱廊，後有寢殿，東有壽昌殿，西有嘉禧殿，周圍廊屋一百七十二間。西北還有鹿頂殿和香殿。主要殿閣也都是重檐藻井，文石甓地，重陛朱闌等等，應有盡有。以上漢文史料記載與馬可·波羅的描述，基本一致。

真金被立為太子後，當年九月，應劉秉忠等提議，設置東宮宮師府，詹事以下官屬38員。至元十九年（1282年）十月，又設詹事院，以完澤為右詹事，賽陽為左詹事。後來東宮官職越來越完備。左、右詹事以下，還設有副詹事、詹事丞、院判、宮臣賓客、左右諭德、左右贊善、家丞、長史、校書郎、中庶子、中允等。侍衛親軍都指揮使王慶端和張九思曾任詹事丞，王恂、劉因、夾谷之奇擔任過左右贊善，李謙、夾谷之奇擔任過左右諭德，伯必擔任過中庶子，宋衜曾任太子賓客，耶律有尚曾任長史，王倚曾任家丞。

真金死後，朝廷大臣曾議論廢罷詹事院。詹事丞張九思以宗社所系和輔導皇孫為理由，據理而爭，故得以依然保留。直到至元三十一年（1294年）正月，侍衛親軍都指揮使王慶端仍兼任詹事。留任詹事院職務的，還有詹事張九思、太子家令阿散罕、院判官僕散壽等。

真金太子東宮還設立了附屬的侍衛親軍。這支侍衛親軍包括兩部分：

一、是至元十六年（1279年）七月忽必烈新抽取侍衛親軍一萬人，劃歸東宮，設置的侍衛親軍都指揮司。至元十六年，原右

衛親軍副都指揮使王慶端，升任侍衛親軍都指揮使，十九年又以本職兼東宮詹事丞。王慶端所任就是至元十六年始立的第一支萬人東宮侍衛軍都指揮使。至元三十一年（1294年）正月，王慶端繼續擔任此侍衛親軍都指揮使並兼詹事。成宗即位，此侍衛軍改屬皇太后闊闊真，且易名為隆福宮左都威衛使司，王慶端仍留任左都威衛使。王慶端到任不久，曾為該侍衛軍選大都之南「近郊隙地」，建造了含有廬舍、井邑、「閱武之堂」、「函矢之局」等等的威武營。還舉辦屯田，「歲入豐羨，屯峙山積」。且在真金太子的干預下，以餘糧數萬付有司佐經費。

二、是由五投下探馬赤軍改組的蒙古侍衛親軍都指揮使司。五投下探馬赤軍，是從札剌亦兒、弘吉剌、亦乞列思、忙兀、兀魯兀五蒙古部落抽調混編的軍隊，專門用作打先鋒及戰後鎮戍。

金朝滅亡和至元十六年（1279年）曾經兩次廢罷其軍，放回各部落應役，至元十九年（1282年）重新組建為五投下探馬赤軍。至元二十一年（1284年）劃歸東宮，明年改稱蒙古侍衛親軍都指揮使司。至元三十一年（1294年），成宗即位後，改屬皇太后，隨而易名隆福宮右都威衛使司。

擁有由蒙古軍和漢軍組成的兩支侍衛親軍，無疑增加了太子東宮在朝廷中的權勢。真金太子還和其他皇子一樣，享封食邑、歲賜等。此外，窩闊台朝遼陽人高宣曾將三峰山之戰降附的2000餘戶呈獻拖雷，置打捕鷹房都總管府，高宣任都總管，世襲統領。其孫高諒先充真金位下掌管印章的符寶郎，義奉命承襲打捕鷹房都總管。真金特意囑咐大汗怯薛符寶郎董文忠：「汝為我奏請，以諒所管民隸我，庶得諒盡力為我用。」忽必烈批准了此項奏請，2000餘戶打捕鷹房戶隨之歸屬於真金位下。

忽必烈遠征日本為何失敗

　　由於9世紀中葉佛教在中國遭受迫害,日本與中國逐漸疏離,直至最後決定幾乎完全切斷與中國的貿易和文化聯繫。對於忽必烈來說,如果能與日本重建朝貢關係,就能在漢人心目中樹立自己的高大形象。他急於博取漢人讚賞的心理,促使他決定一定要與日本建立聯繫。因此,忽必烈向高麗人提出協助他與日本建立聯繫。高麗人不喜歡日本人,他們並不熱衷在忽必烈控制日本的計劃中擔當中介的角色。

　　從1223年至1263年,高麗沿海地區一直遭受著日本海盜的襲擊和搶掠。日本海盜利用高麗遭受蒙古入侵而無暇防備的機會,大肆侵擾高麗的沿海地區。但是高麗王室認識到,日本海盜的行為並不是由日本政府或者日本軍事政權支持或認可的,因而沒有對日本宣戰。它僅僅派遣使者抗議日本海盜的襲擊。一旦日本海盜獲悉蒙古人已經征服了高麗,而朝鮮半島戰事已消除,他們便停止了襲擊。因此,高麗人並無特別的興趣幫助蒙古人與日本建立聯繫。

　　雖然忽必烈並沒有打算發起一場海戰,但是他降伏日本的計劃最終導致了首次入侵日本的失敗。

　　在1266年的秋天,他派遣使節向日本人通報了新朝在中國建立的消息,並請他們向新皇帝進貢。高麗人負責幫助使團橫渡海峽。負責接待忽必烈使團的高麗人試圖勸阻他們執行使命,並警

告他們說，日本列島附近的海面風急浪高，氣候惡劣，異常危險。事實上，高麗人根本不想被捲入蒙古和日本的關係之中。高麗人的恫嚇終於奏效，蒙古使者對充滿危險的赴日旅程感到氣餒，於是匆匆返回中國。他們的報告激怒了忽必烈，他也認為高麗人不值得信賴。

在1267年的夏天，他給高麗王廷寫了一封措詞嚴厲的信，斥責他的「屬民」不僅不協助他的使節，反而阻撓他們前往日本。他決心排除高麗人的干擾，再做嘗試。

1268年，他再次派遣使團前往日本，這一次高麗人比較合作。特使中包括一位禮部官員和一位兵部官員。忽必烈指示他們向日本人通告他已經登基的消息，並向他們表明，日本應該向他稱臣納貢。日本人並不歡迎蒙古使團，他們的行動正好為在政策上一意孤行的忽必烈提供了進攻日本的藉口。

位於京都的日本皇室實際上非常軟弱無力，真正的權力掌握在鎌倉幕府手中。幕府裡，幕府執權北條時宗是最終的決策者，而他並不打算順服蒙古。自恃擁有驍勇善戰的武士階層，憑藉偏居大洋、易守難攻的日本列島，他和他的前任執權北條政村一樣，斷然拒絕了蒙古使者的建議。

忽必烈在信函中曾提到日本天皇是一個「小國國君」。在初步討論了應該如何回覆忽必烈這封信之後，幕府決定乾脆直接把蒙古使者遣送回國，連隻言片語也不回覆。雖然朝廷官員已經起草了一封和解信並抄寄了一份給幕府請求批准，但幕府執權沒有批准寄出公函。忽必烈並不為日本政府的反應所動，在1271年初再次派遣使團帶著同樣的信息赴日。負責護送蒙古使節的高麗人祕密地警告日本人，他們將面臨蒙古人的軍事威脅。可是日本人再次拒絕蒙古使節進入王廷。

在返國途中，蒙古使節抓住了兩個日本漁民，把他們帶回中國。忽必烈熱情款待了日本漁民，命令他們請求他們的統治者對中國皇帝和蒙古大汗表示適當的尊敬，盡快派遣使者前來進貢。然後他派人護送他們經高麗返國。可是，日本方面對忽必烈釋放被扣留的日本漁民沒有任何反應。

　　忽必烈絕不允許日本一直這樣公然蔑視他，反抗他，不能容忍被一個小國如此羞辱，忽必烈不能繼續容忍他的使節在日本受到怠慢。然而，在決定動武之前，他再一次派遣使節到達日本。

　　他選派的特使趙良弼（1217年—1286年）於1272年春出發，並於同年的10月在九州島東岸的今津町登陸。當他覲見日本天皇的要求被粗魯地拒絕後，他發出了最後通牒：日本天皇只有兩個月的時間對忽必烈的信函作出反應。日本天皇願意對蒙古作出一個平和的模棱兩可的回答，但幕府拒絕任何妥協。鐮倉的武士佔了上風，他們把中國特使驅逐出境。幕府的粗暴無禮被描述為「等同於宣戰」。

　　趙良弼於1273年6月返回中國，向忽必烈報告了日本的風土民情，可能還包括防務情況。趙良弼描述了他在日本受到的羞辱，這深深地激怒了忽必烈。他命令高麗人製造船隻，運送他的軍隊橫跨日本海，從日本列島的最南端發起攻擊。忽必烈的征日準備工作已經進行了相當長的一段時間了。

　　1274年11月，他派遣了一支由蒙古人、漢人、女真人組成的15000人的軍隊和6000名至8000名滿心不悅的高麗士兵（他們並不想參加這場戰役），由大約7000名高麗水手引導，從合浦（在現在的韓國釜山附近）出發開往日本。蒙古軍分乘300艘大船和四五百艘小船，首先在對馬島和壹岐島登陸，輕易地蕩平了駐守在那裡的日軍。但是，忽必烈派往日本的軍隊無論規模上還是實

力上，都不足以徹底掃平日本列島。

忽必烈低估了日本人的抵抗能力。最關鍵的戰鬥自然將在九州進行。雖然日本人知道蒙古大軍正在開過來，但是他們的準備工作做得還很粗略。他們根本無法對付蒙古人的遠程武器，包括十字弓和各種各樣的彈射器。他們的指揮官缺乏實戰經驗，與身經百戰的蒙古統帥無法相比。日本軍隊長於肉搏，但是蒙古軍隊習慣於以組織嚴密的小組為單位集體作戰，這種戰術是日本人所不熟悉的。

所以，當蒙古軍在九州東岸的博多登陸時，日本人處於絕對的劣勢。蒙古軍在進軍之前鼓樂齊鳴，其戰陣和攻擊方法使得日本人毫無招架之力。第一晚的戰鬥就使日本軍隊遭受了人員和裝備的重大損失。他們的殘兵敗將更是不堪一擊。潰敗看來是在所難免了，唯一使他們大難不死的是無邊的黑暗。

但大自然為日本人提供了更好的保護。晚上，海面突然起了風暴。高麗水手馬上對蒙古將領說，他們必須回到船上，把船開往海上，直到風暴消退。否則，他們的船隻就會與岸邊的岩石相撞而沈沒，那樣，他們將失去唯一的撤退工具。蒙古人勉強同意了，並開始從博多撤退。一些日本人追擊並殺死了一些正在撤退的蒙古兵。然而，那天晚上蒙古兵遭受的大多數傷亡都發生在海上。狂風、巨浪和礁石把幾百艘船隻擊成了碎片。

根據一些記載，蒙古軍有13000人因此喪生。日本人因這場風暴而大難不死。蒙古人的遠征以徹底的失敗而告結束，殘餘的蒙古軍駛回了老家，向忽必烈報告了這次慘敗。

元仁宗愛育黎拔力八達

破舊立新枉費心

元仁宗孛兒只斤・愛育黎拔力八達（1285年—1320年），元武宗弟，元朝第九代皇帝，年號是皇慶和延祐，在位10年，廟號「仁宗」，蒙古語稱普顏篤汗（又譯作巴顏圖汗）。

他即位後，大張旗鼓地進行改革，整頓朝政，推行「以儒治國」政策。延祐元年（1314年）在浙江、江西、河南等地進行田產登記，史稱「延祐經理」。仁宗自幼熟讀儒籍，傾心釋典，曾下令將《貞觀政要》和《資治通鑒》等書摘譯為蒙文，令蒙古、色目人誦習。仿唐宋舊制，於延祐二年（1315年）詔行科舉，尊崇朱熹之學，史稱「延祐復科」。

蒙元滅金、宋後，科舉廢棄。「延祐復科」距離宋亡36年，距離金亡更達81年，漢族士人至此方重獲正常晉身途徑。民族矛盾有所緩和。又出兵西北，擊敗察合台後王也先不花。

元朝歷代皇帝中，仁宗是一位較有作為之君。後毀約將武宗之子和世㻋徙居雲南，立自己兒子碩德八剌為皇太子（元英宗），打破叔侄相傳的誓約。在位10年（1311年—1320年）。死後謚號「聖文欽孝皇帝」。

解密仁宗不仁虧心立儲

仁宗皇帝「天性慈孝，聰明恭儉，通達儒術」，個人品格方面幾乎算得上是元帝中最好的一個，此人「平居服御素質，澹然無欲，不事遊畋，不喜征伐，不崇貨利」，確可稱得一個「仁」字。但是，在立儲問題上，元仁宗的確有所「虧心」。

依情依理元武宗很守信用，以皇儲之位予弟弟元仁宗，二人有約，元仁宗「萬歲」之後，應該傳位於元武宗之子。但是，出於私心，加上鐵木迭兒的攛掇，元仁宗在延祐二年（1315年）封元武宗長子和世㻋為周王，讓他出兵雲南。道路迢迢，瘴氣遍路，此舉無異於把大侄子「流放」。

和世㻋不高興，其手下的元武宗舊臣更不高興。一行人走到延安，就與關中的蒙古宗臣祕密聯繫，起兵興戈，準備擁和世㻋回大都爭帝位。不久，這些人窩裡反，內訌連連，和世㻋只得跑往察合台汗國的老親戚也先處躲避。

元仁宗也鬆一口氣，如果眾人把這個侄子抓回大都，還真不知如何「處理」他。於是，他便立自己的兒子碩德八剌為皇太子。此舉看似合情合理，實則為人留下口實，種下日後的隱憂。

其實，答己皇后和鐵木迭兒之所以鼓搗元仁宗立碩德八剌，原因是武宗皇帝的兒子和世㻋少年時代英銳之氣顯於臉面，而碩德八剌看上去「柔懦易制」。

所以，同為自己親孫子，答己自然傾向於擁立看上去容易擺

弄的碩德八剌為皇儲,這樣的話,日後元仁宗有好歹,繼位的孫子也不會對自己怎麼樣。

元仁宗不像哥哥元武宗那樣好色,卻是個嗜酒成性的酒鬼。他的「駕崩」,實則是酒精深中毒使然。

仁宗為何不殺鐵木迭兒

　　鐵木迭兒乃成吉思汗功臣者該的玄孫。元武宗至大三年（1310年），時任雲南行省左丞相的鐵木迭兒被人奏稱未經允許擅離職守赴京。武宗看見這個奏報還很生氣，御筆要有司嚴查，未幾，「皇太后有旨赦之」。

　　原來，身板魁梧的鐵木迭兒之所以這麼大膽私自入京，正是應武宗的母后答己之招，前來服務的。春風數度之後，太后答己對鐵木迭兒歡喜得不行。所以，元仁宗還沒即位，太后答己自己下旨用鐵木迭兒為中書右丞相。

　　有皇太后撐腰，鐵木迭兒很囂張。時任中書平章政事的張弘範之子張珪因上奏鐵木迭兒不應為「太師」，惹起太后答己和鐵木迭兒共怒，乘元仁宗去上都不在大都，把張珪召入宮內死打了一頓，打得這位副相血肉橫飛，被人用轎抬回家中。

　　時任元仁宗侍衛的張珪之子張景元以父病為由向皇帝請假，元仁宗大驚：「朕離大都時，你父親身體好好的，怎麼突然就不行了？」張景元不敢道實情，跪地涕泣不已。

　　稍後，元仁宗知悉此事，意甚不平，罷去鐵木迭兒相位，以合散為右丞相。太后答己惱怒，闖入兒子宮中大嚷大鬧，兒子惹不起親媽，元仁宗只得下詔恢復鐵木迭兒右丞相的職務。

　　「鐵木迭兒之再入相，恃勢貪虐，凶穢滋甚，中外切齒，群臣不知所為。」幸虧平章政事蕭拜住（契丹人）和御史中丞相楊

朵兒只（西夏人）不畏強權，聯合內外御史40多人，共同上章彈劾鐵木迭兒：「桀黠奸貪，欺上罔下，佔據晉王田及衛兵牧地，竊食效廟供祀馬，受諸王人等珍玉之賄，動以萬計。其誤國之罪，又在阿合馬、桑哥之上……」奏上，元仁宗看得觸目驚心，大怒，立刻派人去搜抓這位奸相。

鐵木迭兒眼線多，腿腳快，聞訊不妙，轉瞬竄入國母的興聖宮內。「帝不忍傷太后意，但罷其相位。」才隔一年多，經不住親媽鬧騰，元仁宗只得下詔起復鐵木迭兒為太子太師。

1320年，元仁宗剛嚥氣，太后答己馬上又以鐵木迭兒為中書右丞相。此時，這位奸相凶相畢露，馬上殺掉了先前彈劾他的蕭拜住、楊朵兒只等人，肆行報復，大肆誅戮。

元仁宗太子元英宗甫即位，太皇太后（又升一格）答己下旨進鐵木迭兒上柱國、太師。英宗皇帝少年英銳，很快就不買皇祖母賬，自己任用安童之孫、年紀與自己差不多的貴臣拜住為相。憂懼新皇算賬，加上天天「伺候」太后答己，鐵木迭兒忽染重病，沒幾天就「過去」了。

元英宗碩德八剌

一念之仁把命喪

　　元英宗孛兒只斤・碩德八剌,元朝第九位皇帝(1321年—1323年在位),是元仁宗之子。延祐三年(1316年)立為皇太子,延祐七年(1320年),仁宗去世,18歲的碩德八剌在皇太后答己及鐵木迭兒等人的扶持下登基做皇帝,是為元英宗,改元「至治」。

　　英宗自幼受儒學熏陶,登基後繼續推行「以儒治國」政策,頒布了元朝正式法典——《大元通制》,並在宰相拜住、中書省平章政事張珪等人的幫助下實施了一些新政,元朝國勢大有起色。但新政卻觸及到了蒙古保守貴族的利益,引起了他們的不滿,而且英宗下令清除朝中鐵木迭兒的勢力,隨著清理的擴大化,鐵木迭兒餘黨、御史大夫鐵木迭兒的義子鐵失震恐不安。

　　英宗21歲時被害身亡,死後大臣為他上廟號英宗、謚號睿聖文孝皇帝,蒙古文稱格堅汗。

元英宗為何落得眾叛親離

元仁宗母親答己太后任過去被仁宗罷黜的權臣鐵木迭兒為右丞相，鐵木迭兒在朝廷內勾結勢力，排除異己，誅殺前平章政事蕭拜住、楊朵兒只，權傾朝野。孛兒只斤．碩德八剌為鞏固自己的地位，立太祖功臣木華黎後裔拜住為左丞相，極力抑制答己、鐵木迭兒一黨的勢力。

至治二年（1322年）八九月，鐵木迭兒、答己相繼去世。十月，立拜住為右丞相，表示要「勵精求治」、「一新機務」。此後數月，採取了一些改革性的措施，開始新政。

站在當時漢族人的立場，元英宗是立志消除民族分歧、促進民族融合、改善人民生活、向漢族先進的儒文化看齊，但因為被反對勢力刺殺身亡，而壯志未酬身先死的悲劇英雄。先看看其新政的主要內容：

（一）**大規模起用漢族地主官僚及儒臣**。拜住「首薦張珪，復平章政事，召用致仕老臣，優其祿秩，議事中書。不次用才，唯恐稍後，日以進賢退不肖為重務。」（《元史·拜住傳》）

接著吳元珪、王約、韓從益、趙居信、吳澄、王結等人，都在短短數月內被擢任為集賢、翰林院及中書官職。英宗對拜住所推薦的趙居信、吳澄等「有德老儒」，不僅深表贊同，且進一步令拜住「更當搜訪山林隱逸之士。」（《元史·英宗紀二》）

（二）**罷汰冗員**。英宗從至治二年十一月起，罷世祖以後所

置官,「銳然減罷崇祥、福壽院之屬十有三署,徽政院斷事官、江淮財賦之屬六十餘署。」(《元史・英宗紀二》)

後因被刺於南坡而未能完成這一改革。

(三)**行助役法**。元代農民勞役繁多,負擔沈重。至治三年四月,英宗下詔「行助役法,遣使考視稅籍高下,出田若干畝,使應役之人更掌之,收其歲入以助役費,官不得與。」(《元史・英宗紀二》)

《元史・乾文傳傳》對此法的記載較具體:「會創行助役法,凡民田百畝,令以三畝入官,為受役者之助」,「文傳諭豪家大姓,以腴田來歸,而中人之家,自是不病於役。」

時人余卓在其所撰《松江府助役田糧記》一文中對當時上海縣的田、糧、納稅及實米助役諸數額均有明確記載,其文云:「上海計田七百一十六頃有奇,糧二萬九千有奇,納稅二千七百有奇,實米助役二萬六千三百有奇。」由此可證助役法對廣大農民確實是有利的。

(四)**歲減江南海運糧二十萬石**。至治三年夏六月,拜住以海運糧比世祖時頓增數倍,「今江南民力困極,而京倉充滿,奏請歲減二十萬石。」(《元史・拜住傳》)

英宗遂並鐵木迭兒所增江淮糧免之。

(五)**審定頒行《大元通制》**。至治二年正月,英宗命將仁宗時未最後審定完畢的法令編纂工作繼續進行,令樞密副使完顏納丹、侍御史曹伯啟、判宗正府普顏、集賢學士欽察、翰林直學士曹元用,以二月朔會集中書平章政事張珪及議政元老率其屬眾共同審定,並加以補充;書成,「堂議題其書曰《大元通制》」。「凡二五三九條,內斷例七一七,條格一一五一,詔赦九四,全類五七七,頒行天下。」全書共八十八卷。此書是元朝

「政制法程」的匯編。

有人對元英宗的新法贊賞非常，認為其罷汰冗官，精簡機構，節省了不少行政費用；推行「助役法」，減輕了忽必烈以來漢族民眾長期負擔的沈重徭役，認為在一系列雷霆手段的重擊下，元朝似乎瞬間醍醐灌頂般地清醒過來，朝野上下煥然一新。

煥然一新是必然的，但是好是壞要分析研究。判斷改革的好壞，必須堅持以改革範圍內的各階層、各類別的人民是否得利為標準。也就是說要盡量兼顧改革時各級各類群眾的利益。不是說不能觸犯任何人的利益，改革確實必定會觸犯少數人的利益，但要盡量團結大多數人。那麼我們具體分析元英宗新政每一項新政的得利者與失利者，我們不難發現，元英宗的措施實際上是損害相當一部分人民的利益。

先看大規模啟用漢族官僚及儒臣和罷汰冗員。

一邊說罷汰冗員一邊大規模啟用漢官，說明元英宗這樣做的目的是為了推動中央集權制。英宗繼位是有些不太合法的，是他父親仁宗違背與武宗的約定強行推上位的。他獨尊儒術很大的原因就是利用儒家父死子繼的傳統來證明自己皇帝的合法性以及為傳位於子做好準備。加強中央集權，受益的是皇帝本人，利益受損的蒙古貴族和女人。

為了建立強有力的中央集權，他開始削弱朝廷內部貴族大臣和皇族的參政權。拜住被任命為右丞相之後，元英宗馬上就廢除了左丞相官位，企圖與拜住兩人獨攬朝政。這還不算，英宗還罷免了皇太后和皇后屬下機構的大量官員，以便剝奪貴族婦女的參政權。英宗的祖母答己皇太后曾經感嘆說：「還不如沒有這個孫子。」

當然，這兩種制度在當時與老百姓的權益是沒有多少關聯

的。但實事求是地說漢族「外儒內法」的高度中央集權制，扼殺了所有能夠走向民主與法制的可能性，只有皇帝，連貴族之間都沒有民主，何談人民民主。

兩千年來，每一次農民起義都成了黑手黨式的爭奪老大寶座的周而復始的原地踏步。權力的過分集中和濫用，只能導致兩種結果——腐儒式的愚忠獻媚或草寇式的反抗復仇。而蒙古人傳統的類西方式的分封制觀念，不允許無限滿足皇帝的貪權慾望。

這種從限制君主權利保障貴族權利開始，進而過渡到限制貴族權利保障人民權利更容易些，也就是說分封制比集權制更容易走向民主，應該更有其先進性。當然歷史無法假設。

再看行助役法和歲減江南海運糧二十萬石。

減低農民的稅收對農民當然是很好。可是，政府開支沒減少。英宗喜好浮華和鋪張。最大的鋪張是他對佛寺的施捨，他親自造訪山西的佛教聖山五台山，遣派僧侶去海外取經，並且對繕寫金字經文不斷給予資助。

此外，他還下令各州為忽必烈朝的帝師、吐蕃高僧八思巴（1235年—1280年）建立帝師殿，規模大於孔子廟。花費最大的工程是在大都西面的壽安山修造的大昭孝寺，用了三年時間，動用了數以萬計的士兵從事工役。

碩德八剌對這項工程異常關注，為此有四名上書反對該工程的監察御史被處死或貶出朝廷。說這些是什麼意思呢？就是說在政府開支不變的情況下，減輕農民負擔，那錢從哪來？從商人來。元英宗大大提高商業稅，讓商人們叫苦連天，也讓以貿易立國的元朝財政陷入危機。

再看，審定頒行《大元通制》。

這實際上是外儒內法的條令化。尊儒尊法固然沒錯，有利於

得到漢民、藏民的支持。但關鍵是不要損壞其他民族和信仰者的利益。準確地說他損害伊斯蘭教的利益。伊斯蘭教在元英宗在位期間頗受歧視。上都的回回寺被毀掉，改建成帝師殿。負責傳授波斯語言的回回國子監被廢罷。回回散居郡縣者，每戶歲輸包銀二兩，而在以前他們是享受免稅待遇的。

縱觀元英宗改革，得利的是皇帝本人、漢族官僚。和尚、農民也部分受益。受損的是蒙古貴族、官員、女人、穆斯林和商人。蒙古貴族、官員、女人、穆斯林和商人這麼多人加在一起，如果說是少數保守派實在也是有點牽強。改革當然會有犧牲，但一下子要犧牲這麼多人的根本利益，是否忘記了他們也是人民的一部分？

再一次強調，百姓既包括全體封建主義勞動者、封建主義事業建設者也包括擁護封建主義的愛國者和擁護大元王朝統一的愛國者。但是元英宗為了自己繼位的合法化，為了鞏固自己的統治，為了加大自己的權利，為了快速地推進改革，也因為自己的喜好，極大地犧牲了其中很大一部分百姓的利益，當然，會受到這很大一部分百姓的聯合反對。

元英宗新政結束得既突然而又悲慘。1323年9月4日，英宗一行從上都返回大都，在上都南面30里的南坡駐帳。這時，蓄謀已久的鐵木迭兒餘黨——御史大夫鐵失突然發動了政變，年輕的皇帝被鐵失一刀殺死。

在刺殺皇帝之後，反叛者迅速趕到大都，控制了政府機構。同時，派遣使者前往漠北去請晉王也孫鐵木兒即位。這一事件史稱「南坡之變」。

「南坡之變」直接謀反者是皇太后、貴族官員和宗王，並在蒙古色目貴族和官員中得到了廣泛的支持。「南坡之變」32年

後，在元朝高壓民族政策和水旱災雙重壓迫下不甘屈辱的漢人揭竿而起，爆發了震驚全國的紅巾軍大起義，元朝的統治在風雨飄搖中也即將走入末路。

實事求是地說，元英宗登基時，元朝已是百病纏身但並未走進死胡同，他採取一系列的措施來挽救尚未病入膏肓的朝廷非常重要很有必要。他的解除民族高壓和減輕農民負擔政策也是必需的。在改革的過程中犧牲少數人的利益也是無法避免的。但那麼短的時間內犧牲那麼多人的利益，而且犧牲得那麼集中，那麼直接，並且其中大多數人本是可以團結的，比如女人、商人、穆斯林。那麼，這麼多勢力必然結盟進行反抗，很少有改革者能經受得住這麼廣泛的反抗。

元英宗新政的失敗再一次證明，能夠照顧到絕大多數人民利益，博得社會各階層的理解和賞識，是變法取得成功的不可或缺的關鍵因素。

揭祕「南坡之變」的前後事

　　隨著時間的推移，鐵木迭兒奸行愈暴愈多，於是，元英宗下詔，剝奪鐵木迭兒生前死後的一切爵位、封諡，並斬其長子八里古司，其次子知樞密院事（國防部長）班丹也受杖刑後免職。雖如此，其三子翰林侍講學士鎖南由於自小伺候元英宗讀書，當時被免予處分。當時，任禁衛軍大頭目的鐵失也被查出和鐵木迭兒貪污案件大有關聯（他是鐵木迭兒的「乾兒子」），但是以「特赦」，仍舊擔任原職。不僅寬大他，元廷又委任他兼御史大夫，提領皇帝最貼身的「左右阿速衛」皇家禁軍。

　　後世研究元史之人，總是講元英宗、拜住等人太「仁慈」，沒有對鐵木迭兒黨羽一網打盡，才容使鐵失等人日後有機會在南坡行弒。其實，不少研究者忽略了這樣一個事實：鐵失的親妹妹是元英宗皇后速哥八剌，元英宗與皇后感情又融洽，自然不忍心因鐵木迭兒之故把自己大舅子一家全部弄死。婦人之仁，養癰遺患，終於造成日後鐵失的忽然一刀。

　　1323年夏，英宗去上都避暑，因為沿途護衛的軍隊都由鐵失控制，這就給了他機會。他決定刺殺英宗，擁立晉王也孫鐵木兒，重掌朝政。他派斡羅思去勸說晉王。晉王不肯，反將斡羅斯綁了，送往上都。可當把斡羅斯押到上都時，英宗已經離開了。同年8月5日，英宗在上都以南30里的南坡紮營過夜。當天夜裡，鐵失派阿速衛兵值夜，自己和鎖南等16人，闖進拜住和英宗的大

帳，殺死了英宗和拜住。然後鐵失等人就按原計劃，帶著璽綬，與1323年10月，擁立晉王也孫鐵木兒即位，即泰定帝。

南坡之變之所以能夠得逞，英宗之所以如此輕易被殺，不能不讓我們探究其中之緣故。

首先是深刻的政治原因。英宗新政觸犯了蒙古色目貴族的世襲傳統利益，使那些「居高位，食厚祿」的上層貴族官僚難以像以往一樣享受各種特權和為所欲為，因此當行漢法的改革繼續推進時，他們必然要聯合起來進行強烈的抵制和反抗。當時這種反對新政的守舊勢力十分強大。以致使得英宗、拜住君相在上層統治集團中感受到莫大的壓力和孤立。在16個知名的反叛者中有5個是宗王。但實際上參與此事的宗王比列出來的人要多得多。在也孫鐵木兒即位後不久，右丞相旭萬傑告訴他能夠自拔逆黨、盡忠朝廷的「宗戚」，只有買奴一人。諸王與也鐵木迭兒的關係，現在尚不清楚。諸王作為一股勢力有充分理由怨恨英宗。

在英宗在位期間，有兩次因為財政困難取消了諸王的歲賜，這在元朝歷史上是前所未有的舉動。此外，為了增加皇室的權威，英宗似乎比他以前的各位皇帝在封王上控制得更嚴，並試圖對諸王進一步加以約束。他不顧皇室宗親享有的傳統特權而採取這些限制諸王的措施，促使他們參與謀反。

其次是英宗君相自身的軟弱和優柔寡斷。英宗少年氣盛，力行新政，勇氣有餘，而「識見有所未盡」。他缺乏政治家的清醒頭腦，對鬥爭的嚴重性和激烈程度估計不足，缺乏對政敵的應有警惕和防範。尤其是當他們在儒家的政治思想為指導推進新政時，有把儒家迂腐的習氣帶了進來，以致一再對自己的政敵妥協、寬恕。英宗和拜住對於別人提醒他，鑒於奸黨經常密語，「某中害之」的情況，應當引起重視，「且請備之」的警告，他竟然不屑於聽，從而放鬆了警惕。進而讓鐵失一夥掌握了親軍，

這在前朝是絕對不會有的。

最後是鐵失一夥成功地控制了衛軍，並選擇了怯薛值日的有利時機發動政變。在元朝，宮廷皇室的安全通常由兩部分力量來保衛。涉及皇帝的外圍護衛和巡行扈從，由五衛親軍來負責；涉及宮禁幹耳朵的安全，怯薛近侍輪番值日來環衛。鐵失以御史大夫兼領左右衛親軍，為暗殺得逞製造了「外應」的有利條件，而在禁衛軍中也不乏叛軍的內應。所以正如《元史》中一針見血地指出：「大臣兼領軍務，前古所無。鐵失以御史大夫，也先帖木兒以制樞密院事，皆領衛兵，如虎而翼，故成逆謀。」

簡而言之，鐵木迭兒一派的殘餘勢力與不滿的蒙古諸王結盟，終於演出了「南坡之變」。探視其更深的背景，英宗的被殺是兩個政治集團之間衝突的極點，而這種衝突至少在仁宗朝初年就已經開始了。仁宗和英宗在漢化的蒙古大臣和漢人儒臣的支持下，做了多種努力使元廷更加儒化，這意味著加強中央集權和官僚體制。另一方面，以皇太后答己和她的親信鐵木迭兒、鐵失為首的一派似乎不只是為他們自己的利益而鬥爭，他們還在蒙古、色目貴族和官員中得到了廣泛的支持，這些貴族和官員對有損於他們世襲政治、經濟特權的改革自然是持反對態度。雖然英宗在答己和鐵木迭兒死後贏得了短暫的勝利，他的進一步行動和自己的寬大卻激成反叛，並導致了他自己的悲慘死亡，元朝的漢化之旅也即將走到盡頭。

有元一代之帝王，由靠自己的威望和實力爭得王位的忽必烈，蛻變為由中宮扶立之成宗、仁宗諸帝，再而蛻變以至於由叛軍所擁立之泰定帝。既然鳴已不正，其實力又不足以威鎮諸王、勳臣，故而導致此後近十年間，皇位之人選迭更，政爭紛起，甚至刀兵相見，二帝並存，勝者為王。而大臣亦借機篡權，政治腐敗，元朝之滅亡，於此已見其先兆。

元惠宗妥懽帖睦爾
心靈手巧奪天工

　　元惠宗孛兒只斤・妥懽帖睦爾，明宗和世㻋之長子。母罕祿魯氏，名邁來迪，郡王阿兒廝蘭之裔孫。元惠宗是元朝的最後一位皇帝，也是北元的第一位皇帝。他在位時間是從1333年至1368年，在位35年。另外，北元傳了5代才亡國。

　　至正二十八年（1368年）朱元璋建立明朝，統一南方，責令北伐，徐達率領的軍隊逼近大都，元惠宗夜半開大都的建德門北奔，首先逃往上都，後逃往應昌。至此，大元王朝滅亡了。

　　元惠宗前期為權臣伯顏所控制，對伯顏的倒行逆施不發一言。但是伯顏死後，元惠宗並未改弦易張。後期怠於政事，荒於遊宴，學「行房中運氣之術」，有匠材，能製金人玉女自動報時器。又造宮漏，「其精巧絕出，人謂前代所罕有」，史稱「魯班夫子」。如果說崇禎是太「有為」而導致亡國的話，元惠宗就是太「無為」了。

　　逃往應昌的孛兒只斤・妥懽帖睦爾曾兩次組織兵力試圖收復大都，但都被明朝軍隊擊敗，於洪武二年（1370年）因痢疾在應昌（今內蒙古克什克勝旗達裡諾爾西南）去世，終年51歲。

　　北元朝廷為其上廟號為惠宗，謚號宣仁普孝皇帝，明太祖認為他順天應人，給他上一個「順帝」的謚號，蒙古語謚號則為烏哈噶圖汗。

元惠宗出身之謎

關於妥懽帖睦爾的出身,現在還不能夠完全肯定。1340年他正式宣布他是忽必烈的合法後代,是忽必烈的第六世孫,是被刺殺的明宗和世㻋與罕祿魯·邁來迪的長子。而早先文宗圖帖睦爾發出漢人儒生虞集起草的上諭,稱妥懽帖睦爾並不真是明宗和世㻋的兒子,這是根據妥懽帖睦爾的乳母的丈夫的說法。

權衡的《庚申外史》中說元惠宗妥懽帖睦爾是宋恭帝之後。此事的原委如下:元世祖至元十三年(1276年)正月,宋恭帝隨謝太皇太后投降。二月,他和母親全太后及隨從被押離臨安北上,五月到達大都,被元世祖忽必烈降封為瀛國公、開府議同三司檢校大司徒。至元十九年(1282年)底,恭帝又被遷居上都,度過了自己的少年時代。至元二十五年(1288年),恭帝已經18歲,元世祖擔心留著他將成為後患,準備除掉他。

他得知這消息後,請求脫離塵世,永生為僧,以絕元世祖的疑慮。元世祖應允,於同年12月遣送他入吐蕃,習學佛法。從此,他長期居住於西藏薩迦大寺,更名為合尊法師,號木波講師,過著清苦孤寂的廟宇生活,終日以青燈黃卷為伴,潛心於學習藏文,研究佛法。多年的苦讀,使他通曉了藏文,貫通了佛學,成為佛門學問僧,一度擔任過薩迦大寺的總主持。他進而從事佛經的翻譯,譯成《因明入正理論》《百法明門論》等經文問世,被藏史學家列入翻譯大師之列。

據說，恭帝在西藏為僧時，一次，元朝皇族趙王經過寺院，見他年老孤單，頗為同情，留下一回族女子與他作陪，延祐七年（1320年），回女生下一子，正巧元明宗經過，感覺此地有王氣降生，便找到宋恭帝的住所，要了這剛生下的嬰兒去作為養子，取名為妥懽帖睦爾，就是日後的元惠宗。

另外的版本與此說主旨皆近似，只有一些細節上的差別，有的更是說惠宗北歸後殘元的皇位繼承者都是趙宋的後代！

《元史》上記載，妥懽帖睦爾是元明宗落魄的時候生的。而且說，元明宗沒有當皇帝以前就一直否認妥懽帖睦爾是自己的親生兒子，這當然是為了否定妥懽帖睦爾的皇位繼承權。

我們當然可以說漢人杜撰這些關於元惠宗的出生傳說，無非是一種狹隘的大漢族情緒心理作祟，認為蒙古「異族稱王」是沒有正統性的。

另外，明成祖朱棣在觀看歷代帝王像時，見到元惠宗畫像時驚異地說：「他怎麼不像元朝列帝而像宋朝列帝？」

其實令人諷刺的是這位從侄子那裡奪得不義皇位的明成祖也被人懷疑為元惠宗的遺腹子，這些說法雖不能盡信，但正所謂無風不起浪，況且正是自己身世確實有令人懷疑之處，才會引來後人的猜疑！元惠宗和明成祖這對傳說中的父子都是如此。

若是妥懽帖睦爾真是宋恭帝之子，朱棣又真是元惠宗的遺腹子，則無非天下又姓了趙而已。歷史傳說也許不太令人信服，但有時這些傳說確實能給歷史帶來無限回味。不管怎樣，元惠宗的出生仍是迷霧重重，但不論生於何處，是何人之子，這些並沒有阻止他後來登上大元皇帝的寶座。

在至正年間，朱元璋跟隨郭子興起兵反元，郭子興病死後，朱元璋取而代之，南征北伐，先佔領集慶（現在的南京），後又

攻下大都（現在北京）。

元惠宗看看大勢已去，遂棄大都，北逃上都。朱元璋入城後親臨元惠宗後宮，看到落難人群裡有一位美女，姿容姣美、眉目含情，頓時引起朱元璋的注意，遂收她為妃子。

這個女子即元惠宗的第三位妃子格勒德哈屯，她是元順帝洪吉喇托太師的女兒。但跟了朱元璋兩個月後，洪吉喇氏生下一個小子，此即朱棣。

據說，當時朱元璋心中知道此子非己子，並不想認這個兒子，但看到朱棣相貌不凡，朱元璋就喜歡上了。況且，說自己的後宮女人生了其他男人的孩子，傳出去可是一樁天大的皇家醜聞，朱元璋也不得不認下這個兒子。民間對這種說法傳得神乎其神的，而朱棣與其他幾個兄弟相貌長得確實不一樣，一點也不像朱元璋，這也加大了這種猜疑，民間據此稱朱棣是蒙古人。

據史上記戴，元惠宗北逃是至正二十八年，即公元1368年，而朱棣生於至正二十年，即1360年，時間相差七、八年。但是，另一方面，史書多是為尊者諱，誰知道朱棣的出生日期讓沒讓人改動過呢？

清順治、康熙年間著名學者劉獻廷所著《廣陽雜記》裡也稱，朱棣不是馬皇后與朱元璋的兒子，他的母親是蒙古人翁氏，因為曾是元順帝的妃子，所以史書上不方便提這事。但朱棣沒有忘記這位蒙古生母，而是在宮中另外建廟，供奉她的牌位，讓世世代代紀念她。翁氏應該就是洪吉喇氏，可能是「洪」、「翁」譯音上的相似而以訛傳訛。

另有一說，出自民國學者王謇的《孤廬雜綴》。書中記載：「往余幼從吳夢輒師恩同遊，師告余曰：『克金陵時，官軍得明成祖御碣於報恩寺塔座下，其文略謂：成祖生母為翁吉剌氏，翁

故為元順帝宮人。生成祖,距入明宮僅六月耳。明制:宮人入宮,七月內生子者,需受極刑。馬后仁慈,遂詔翁以成祖為馬后所生。實則成祖生日,距懿文太子之生,僅十月稍強也。翁自是遂抑鬱而歿,易簀前,以己之畫像一幀,授成祖乳母,且告以詳,命於成祖成年就國後告之。成祖封燕王,乳母如命相告。於是,成祖始知己之來歷,乃投袂奮起,而靖難之變作矣!』」

據說朱元璋有佔人妻室的愛好,以顯自己是男人,有能耐。除了把元惠宗的妃子搞進自己的皇宮,在打敗老對手陳友諒時,也將其妻闍氏納為妃子。闍氏當時已有身孕,不久就生了一個陳友諒的遺腹子,朱元璋一直當做自己的兒子,還將他封在長沙,為潭王。那麼,這樣一來朱棣是元惠宗妃子所生顯然不是空穴來風了。

元惠宗孛兒只斤・妥懽帖睦爾與明成祖朱棣到底是不是親生父子關係呢?已成了一個千古之謎。

〈本卷 終〉

國家圖書館出版品預行編目資料

歷代帝王暗黑祕史 II 從唐太宗到成吉思汗，趙逸君主編，
初版，新北市，新視野 New Vision，2025.02
面； 公分 --
ISBN 978-626-7610-06-0（平裝）
1.CST：中國史　2.CST：通俗史話

610.9　　　　　　　　　　　　　　　113019380

歷代帝王暗黑祕史 II
趙逸君　主編

出　　版	新視野 New Vision
製　　作	新潮社文化事業有限公司
	電話 02-8666-5711
	傳真 02-8666-5833
	E-mail：service@xcsbook.com.tw

總 經 銷	聯合發行股份有限公司
	新北市新店區寶橋路 235 巷 6 弄 6 號 2F
	電話 02-2917-8022
	傳真 02-2915-6275

印前作業　東豪印刷事業有限公司
印刷作業　福霖印刷企業有限公司

初　　版　2025 年 03 月